Autônomo no Século XXI

Wladimir Novaes Martinez
Advogado especialista em Direito Previdenciário.

Autônomo no Século XXI

LTr

LTr EDITORA LTDA.
© Todos os direitos reservados

Rua Jaguaribe, 571
CEP 01224-003
São Paulo, SP — Brasil
Fone: (11) 2167-1101
www.ltr.com.br
Fevereiro, 2018

Projeto Gráfico e Editoração Eletrônica: Peter Fritz Strotbek – The Best Page
Projeto de Capa: Fabio Giglio
Impressão: Forma Certa

Versão impressa: LTr 5919.8 — ISBN 978-85-361-9555-1
Versão digital: LTr 9305.3 — ISBN 978-85-361-9545-2

Dados Internacionais de Catalogação na Publicação (CIP)
(Câmara Brasileira do Livro, SP, Brasil)

Martinez, Wladimir Novaes

    Autônomo no Século XXI / Wladimir Novaes Martinez. — São Paulo : LTr, 2018.

    Bibliografia.

    1. Contrato de trabalho 2. Direito do trabalho 3. Direito previdenciário 4. Relações de trabalho 5. Trabalhadores autônomos I. Título.

17-10422   CDU-331.102.12

Índice para catálogo sistemático:
1. Trabalhadores autônomos : Direito do trabalho 331.102.12

Sumário

Introdução	9
1. Autônomo Moderno	11
2. Disciplina Civil	13
3. Definições do Trabalhador	16
4. Pessoas Equiparadas	23
5. Características Básicas	25
6. Relação Jurídica	28
7. Conceitos Doutrinários	30
8. Código de Trabalho	33
9. Distinções Necessárias	34
10. Representante Comercial	36
11. Profissional do Sexo	38
12. Aposentado pelo Regime Geral	40
13. Segurado Facultativo	41
14. Admissão de Empregado	45
15. Titular de Firma Individual	46
16. Menor de Idade Previdenciária	47
17. Presidiário Independente	50
18. Perito Especializado	52
19. Autônomo Contratante de Autônomo	53
20. Simultaneamente Empregado	54
21. Atividade no Exterior	55
22. Trabalhador Rural	56
23. Administração Pública	57
24. Contribuinte Cooperado	60
25. Filiação do Colportor	63
26. Transmutação em Empregado	65

27. Autônomo com Deficiência 68
28. Teletrabalho em Domicílio 71
29. Contribuições Relativas ao Segurado 73
30. Retroação do Início da Contribuição 78
31. Inadimplência do Contribuinte 79
32. Recibo de Pagamento 81
33. Dispensa da Parte Patronal 82
34. Presunção do Desconto 85
35. Indenização à Previdência Social 86
36. Responsável Fiscal 90
37. Previdência Privada 94
38. Exercentes da Medicina 95
39. Médico do Trabalho 97
40. Médico-Residente 99
41. Medicina de Grupo 100
42. Autogestão de Assistência Médica 101
43. Cooperativa Médica 103
44. Enquadramento da Doula 104
45. Vínculo entre Médico e Hospital 105
46. Realidade Contratual 107
47. Formação Acadêmica 108
48. Sociedade de Advogados 109
49. Liame Laboral do Advogado 110
50. Defensoria Pública 113
51. Justiça Competente 115
52. Sociedade Fática 116
53. Imposto Sobre Serviços 117
54. Desconfiguração da Pessoa Jurídica 118
55. Órgãos de Controle Profissional 120
56. Direitos Laborais 122
57. Jornada de Trabalho 124
58. Período de Carência 126
59. Prestações Previdenciárias 131
60. Aposentadoria Especial 132

61. Aposentadoria do Odontólogo... 133
62. Aposentadoria do Eletricista 135
63. Infortúnio Ocupacional... 137
64. Serviço de Empreitada... 139
65. Contrato de Parceria.. 140
66. Profissional da Construção Civil... 141
67. Similitude com o Empregado 144
68. Campanhas Eleitorais.. 145
69. Reclamações Trabalhistas... 146
70. Fontes Formais... 147
Obras do Autor 157

Introdução

A presença de autônomo nas empresas cresceu significativamente nestes últimos anos do Século XXI.

Embora a legislação regente relativa a esse vínculo laboral seja um tanto anacrônica, justificam-se observações e comentários, devido aos desdobramentos civis, trabalhistas e previdenciários.

Particularmente no que diz respeito às contribuições e aos benefícios da previdência social desse segurado obrigatório.

Aparentemente a sua figura não guardaria grandes dificuldades exegéticas; de modo geral, a doutrina é praticamente consensual quanto a sua caracterização.

As discrepâncias são de pouca expressão; elas dizem respeito ao conceito formal destoante da realidade operacional.

Dada a sua relevância social, aqui algumas categorias foram individualmente destacadas e apreciadas em particular.

O leitor observará que acentuamos a figura do médico e do advogado autônomos, examinando as múltiplas situações vividas por esses profissionais liberais.

Alguns elementos particulares do trabalhador, como o daquele preso, acidentado, aposentado e de outros mais, foram enfaticamente considerados.

Para melhor compreensão do fenômeno técnico, quando compatível e possível, registramos fatos históricos e fontes normas revogadas.

Por vezes, para sistematizar a exposição, voltamos a um tema já apreciado.

Restará evidente ao leitor, as dificuldades vernaculares em relação aos diferentes tipos de contratos havidos entre um autônomo e a empresa: de cooperação, voluntariado, de trabalho, de prestação de serviços, de representação, titular de firma individual, de sociedade, parceria, empreitada etc.

Evidentemente, para estabelecer a necessária distinção e pela oportunidade tivemos de nos ocupar dos dissídios quando um autônomo reclama um vínculo empregatício na Justiça do Trabalho e os desdobramentos no Direito Previdenciário.

Foram citadas fontes formais próximas do tema para uma consulta mais aprofundada.

A Lei n. 13.467/17 e a Medida Provisória n. 808/17 produzirá dispositivos que alteram o conceito dessa trabalhador independente.

Wladimir Novaes Martinez

Autônomo Moderno

O objetivo deste ensaio é tentar descrever os deveres e os direitos civis, laborais e securitários do autônomo enquanto segurado do Regime Geral de Previdência Social (RGPS) e, sobretudo, salientar que, à exceção de umas poucas profissões liberais, na prática ele convive na vizinhança de ser um empregado.

Como demonstrado adiante, com o decurso do tempo, um autônomo poderá se tornar quase empregado e, sucessivamente, um possível empregado regido pelo art. 3º da Consolidação das Leis do Trabalho (CLT). Em alguns casos, subsistente mútuo interesse, o próprio contratante dos serviços se incumbirá de rever o contrato original, como já sucede com estagiários aprovados durante o seu aperfeiçoamento profissional.

À evidência, o cenário atual não favorece a empresa ou, pelo menos, não lhe garante a convicção de que terá sucesso quando de reclamações trabalhistas visando o vínculo empregatício.

É um equívoco fático pensar que o autônomo seja um obreiro totalmente independente; vale dizer, sem qualquer subordinação, com clientela própria, não recebendo orientação técnica de supervisores. Isso poderá valer para alguns deles, como os profissionais liberais, mas não para todos.

Formalidades legais exigidas

Carece explicitar quais seriam as principais formalidades legais reclamadas pelo legislador ou administrador no tocante a sua definição.

Diploma da profissão regulamentada

Em se tratando de profissional liberal, a apresentação de cópia autenticada do diploma do curso superior é imprescindível, ainda que possa ser substituída pela carteira de habilitação do órgão de controle profissional.

Número de inscrição no INSS

É imperioso que o trabalhador demonstre que está com sua situação previdenciária regularizada e forneça o número de inscrição do INSS, que é o Número de Inscrição do Trabalhador (NIT).

Caso também acumule a condição de outro tipo de segurado (por exemplo, empregado), esse fato tem de ser amplamente esclarecido, demonstrado e informado ao novo contratante, especialmente a base de cálculo da contribuição a que se sujeita nessa outra ocupação.

Filiação ao órgão de controle profissional

Principalmente no que diz respeito aos médicos e profissionais da saúde, advogados, engenheiros, odontólogos, químicos, entre outros, é relevante saber o *status* da inscrição, se vigente ou não.

No que diz respeito ao exercício da ocupação, por exemplo, no caso da advocacia, constatar que a participação do rábula poderá facilitar a conversão para uma tentativa de classificação como empregado.

Inscrição na Prefeitura Municipal

Da mesma forma, a inscrição e o pagamento da contribuição municipal do Imposto sobre Serviços de Qualquer Natureza (ISS) é a prova da regularidade de situação.

Imposto de Renda

No que diz respeito à retenção do Imposto de Renda (IR), a contratante carece saber os dados pessoais do contratado.

Posse dos instrumentos profissionais

Em cada caso, mediante a posse dos meios operacionais, a contratante permitirá o uso dos instrumentos desta, sem desconfigurar o conceito.

Trabalho por conta própria

Uma das principais nuanças do autônomo é assumir os riscos da atividade profissional significativa.

No contrato será esclarecido se será uma empreitada ou não.

Ausência de exclusividade

Uma das frequentes alegações do prestador de serviços que deseja a conversão do contrato de trabalho em contrato de emprego na Justiça do Trabalho é que exclusivamente prestou serviços para o reclamado.

Pode ser um elemento persuasivo, mas não é absoluto.

Continuidade laboral

A continuidade da relação laboral também é um argumento apresentado, em cada caso, em prol do conceito de empregado. Ela foi enfatizada na Medida Provisória n. 808/17.

2

Disciplina Civil

O Código Civil não define o trabalhador autônomo nem aclara em especial a relação jurídica por ele estabelecida com terceiros. Preferiu deixar discriminada a solução de questiúnculas emergentes que possam advir desse liame no mundo real.

De regra, assemelhadamente como o vínculo empregatício se submete à CLT, ainda que não idealmente a prestação de serviço independente é regida pelo Código Civil.

A regra é o trabalho prestado por pessoa física não sujeita às leis trabalhistas ou particulares, em especial à CLT. Ele rege-se pela Lei n. 10.406/02 (arts. 593/609).

Universalidade dos serviços

Quaisquer espécies de serviços não ilícitos, materiais ou imateriais, podem ser contratados entre as partes.

A ilicitude, em si mesma, deve circunstancialmente ser apreciada em cada hipótese. O trabalho ilícito contraria a lei, os bons costumes, usos e a ordem social.

Trabalho material é o que ocorre no mundo físico, aquele que implica num esforço humano alterador da realidade fática.

Trabalho imaterial refere-se àquele esforço excluído do universo material, sendo nitidamente intelectual.

Quantificação dos honorários

Sem acordo entre as partes, caso resulte indefinido o montante a ser quitado, a solução derivará da composição bilateral, negocial ou arbitral, observado o costume do lugar, o tempo de serviço e a qualificação profissional do trabalhador.

O desembolso pode dar-se ao final dos trabalhos, adiantado ou pagamento em parcelas ajustadas, entre as quais, comumente as mensais.

Duração do contrato

Reportando-se implicitamente a empreitada, diz o art. 598 do Código Civil:

"A prestação de serviço não poderá convencionar por mais de quatro anos, embora o contrato tenha por causa o pagamento da dívida de quem o presta ou se destine a execução de certa e determinada obra. Neste caso, decorridos quatro anos, dar-se-á por findo o contrato, ainda que não concluída a obra."

Se no contrato inexiste cláusula sobre o prazo estipulado para sua duração ou que possa ser deduzida da sua natureza ou do costume do lugar, qualquer das partes a seu arbítrio, mediante prévio aviso, poderá dar por fim o acordo havido.

O aviso será de oito dias, caso o pagamento for mensal ou superior a esse tempo. De quatro dias, se ocorrer semanal ou quinzenalmente.

Na véspera, quando se tratar ajuste por menos de sete dias.

Quem foi contratado por prazo ou obra determinada não poderá ausentar ou despedir, sem justa causa, antes do preenchido o tempo ou concluída a obra.

Ocorrendo a hipótese, fará jus à retribuição convencionada e responderá por perdas e danos.

Serviços executados

Pontua o Código Civil:

"Não sendo o prestador de serviço contratado para certo e determinado trabalho, entender-se-á que se obrigou a todo e qualquer serviço compatível com as suas forças e condições."

Esta disposição é estranha e até mesmo leonina; não tem sentido forçar alguém a fazer o que a lei não obriga,

Contratado um dentista, presume-se que seja para prestar serviços odontológicos.

Rompimento sem justa causa

No caso de descumprimento do contrato por parte do contratante sem legítimo motivo, ele será obrigado a pagar por inteiro a retribuição vencida e a metade a que lhe tocaria de então ao termo legal do contrato.

Comunicação do fim da avença

Findo o contrato, o prestador de serviços tem o direito de exigir da outra parte a declaração de que o contrato terminou. Não especifica se a conclusão corresponde ao que foi ajustado.

Ausência de habilitação legal

Esta é questão delicada; um prestador de serviços sem habilitação profissional poderá realizar perfeitamente o que foi convencionado no contrato.

O art. 606 do Código Civil diz que ele não faz jus a retribuição (*sic*).

Reza *in fine* do dispositivo que "se resultar benefício para a outra parte, o juiz atribuirá a quem o prestou uma compensação razoável, desde que tenha agido com boa-fé".

Ajuizando-se previdenciariamente, por olvidando-se da atuação do órgão de controle profissional, se um médico sem ter feito o curso ou sem o diploma exerceu a medicina e contribuiu regularmente durante o tempo necessário, fará jus à prestação cujos pressupostos legais preencheu.

Quem tem de sancioná-lo, se for caso, é o Conselho Federal de Medicina (CFM).

Formas de extinção

São variadas as modalidades de extinção do elo laboral. As principais são:

a) falecimento do contratado;

b) ultimação do prazo convencionado;

c) finalização da obra;

d) rescisão do contrato;

e) descumprimento das obrigações de uma das partes; e

f) encerramento das atividades do contratante.

Em caráter particular, pode dar-se por impedimento pessoal do contratado, caso da incapacidade laboral fisiológica, psicológica ou social para o serviço avençado.

3

Definições do Trabalhador

As definições legais do autônomo variam ao longo do tempo e consoante certas opiniões legais e doutrinárias. Mas, fundamentalmente, não destoam muito.

Evolução histórica

Uma breve leitura da história da descrição técnica do autônomo propicia uma melhor compreensão do seu alcance.

Ab initio ressalta-se que o legislador pátrio não quis incluir esse trabalhador no Direito do Trabalho e preferiu abrigá-lo no Direito Civil. De certa forma, no Direito Previdenciário. Como em outros casos, a legislação previdenciária foi quem ilustrou esse conceito.

Daí, deflui certa dificuldade que os juízes do trabalho têm quando enfrentam um autônomo, desde a questão da competência, ao alegar ser empregado em reclamação trabalhista. O reclamante, em vez de ser autônomo, ele se vê como um empregado não registrado.

O vetusto Decreto Legislativo n. 4.682/23 (Lei Eloy Marcondes de Miranda Chaves) não tratou dos autônomos, mas apenas dos empregados de ferrovias.

Uma primeira menção pode ser colhida no art. 2º do Decreto-lei n. 2.122/40, que criou o Instituto de Aposentadoria e Pensões dos Comerciários (IAPC), onde se assevera que são segurados obrigatórios daquele IAP "todos os profissionais maiores de quatorze anos de idade que prestam serviços remunerados, que não sejam de natureza eventual, aos estabelecimentos ou instituições enumerados a seguir:...".

Nesse dispositivo não havia menção a independência, assunção de riscos próprios, mas distinção do trabalhador eventual e não fora o § 1º e ele se aplicaria aos comerciários.

Mas, como antecipado, o dito § 1º rezava:

"Os que não sendo estabelecidos, trabalhem por conta própria ou para diversos empregadores, em atividades compreendidas neste artigo, desde que sejam sindicalizados."

A exigência do estabelecimento desapareceu com o tempo, a expressão "diversos empregadores" foi substituída por "empresas" e dispensada a filiação sindical.

O Regulamento do IAPC (Decreto n. 32.666/53) sustentou praticamente a mesma rodem das coisas em seu art. 2º, § 1º, "a".

Vinte anos depois, uma melhor concepção compareceu o art. 4º, letra "d", da Lei n. 3.807/60 (LOPS), quando ditou:

"Trabalhador autônomo — o que exerce habitualmente e por conta própria, atividade profissional remunerada."

Essa é uma idealização repetida no art. 6º, V, do Decreto n. 48.959-A/60 Regulamento Geral da Previdência Social (RGPS).

À evidência, esse longevo legislador pensava no autônomo tradicional, aquele que prestava serviços tão somente para pessoas físicas.

Direito Civil

Na esfera do Direito Civil, que disciplina as suas principais relações, pode-se definir o autônomo como uma pessoa física que, independentemente e mediante honorários previamente avençados, presta serviços à pessoa física ou jurídica.

Direito Previdenciário

Para os fins do Direito Previdenciário, é o trabalhador que, não sendo classificado como outro segurado, agindo independentemente, presta serviços remunerados para pessoa física ou jurídica.

Outro segurado seria o empregado, temporário, avulso, empresário, eventual, cooperado, estagiário ou terceirizado.

Fonte formal

Legalmente, nos termos do art. 12, IV, "*h*":

"a pessoa física que exerce, por conta própria, atividade econômica de natureza urbana, sem fins lucrativos ou não."

À evidência, essa definição legal padece de três cochilos:

a) atividade econômica não abrange todo o universo do trabalho autônomo;

b) o autônomo presta serviços na área urbana e rural, dispensando essa explicação; e

c) quem trabalha sem remuneração é voluntário e não é segurado obrigatório.

A descrição do Regulamento da Previdência Social (RPS), objeto do Decreto n. 3.048/99, não difere da versão legal.

Conceito doutrinário

O autônomo é um profissional que detém os instrumentos próprios do seu ofício e trabalha mediante remuneração previamente ajustada em contrato de honorários cujo objetivo é o resultado avençado e, destarte, se distinguindo de outros segurados obrigatórios e facultativos.

Opera por conta própria. Um prestador independente de serviços, como dito geralmente profissional, exercita habitualmente atividade remunerada para terceiros, assumindo os riscos de quase toda ordem inerentes à essa execução.

O contrato estabelecido com pessoas ou empresas é nitidamente civil. Não é trabalhista. O importante nessa relação é a tarefa ajustada em si ou a obra, enfim, o resultado do trabalho.

Assemelha-se ao titular de firma individual de pequeno porte. Tem reduzido estabelecimento (podendo ser móvel), administra empreendimento de pequeno vulto e arca com os riscos do trabalhador.

É dito profissional, isto é, detém uma profissão, domina certa técnica, conhece uma arte ou efetiva prática, por meio da qual obtém os meios de subsistência e se realiza como ser humano e membro da sociedade.

Autônomo, repete-se, porque frequentemente e por sua conta, exerce atividade profissional. Tal construção guarda as suas principais características, avulta a dinâmica do esforço individual e não olvida a condição não amadorística, sem falar no essencial: a assunção de riscos específicos e trabalho não subordinado.

Na Consolidação das Leis da Previdência Social (CLPS), a definição era semelhante à doutrinária:

"Quem exerce habitualmente e por conta própria atividade profissional remunerada." (art. 5º, IV, "a")

O texto do Plano de Custeio e Organização da Seguridade Social (PCSS) modificou a descrição, alargando o seu alcance. Do profissional, estendeu-se ao econômico, e mesmo esse termo, tomado no seu sentido mais amplo: o de atividade lucrativa ou não. Limita-se à órbita urbana, preferindo classificar o trabalhador rural independente como equiparado a autônomo.

Para a Lei n. 8.212/91, é:

"a pessoa física que exerce, por conta própria, atividade econômica de natureza urbana, com fins lucrativos ou não" (art. 12, IV, "b"), que vem descrito depois do eventual (art. 12, IV, "a").

Esta última uma figura sem expressão e em extinção.

O RPS, no art. 10, IV.c, fornece inúmeros exemplos de autônomo:

a) condutor autônomo de veículos rodoviários;

b) auxiliar de condutor autônomo de veículos rodoviários (Lei n. 6.094/74);

c) comerciante ambulante (Lei n. 6.586/78);

d) trabalhador associado à cooperativa de trabalho prestando serviços a terceiros (Lei n. 5.764/71);

e) membro do Conselho Fiscal de sociedade anônima (Lei n. 6.404/76);

f) quem presta serviços não contínuos à família, possivelmente, a faxineira e o vigilante de ruas (LC n. 150/15);

g) feirante-comerciante; e

h) incorporador de imóveis (Lei n. 4.591/64).

A Orientação Normativa SPS n. 2/94 também considerava autônomo:

i) quem exerce atividade de corretor ou leiloeiro;

j) vendedor de bilhetes de loteria;

k) cabeleireiro, manicure, esteticista, maquilador, podólogo e os profissionais congêneres, quando exercem suas atividades em salão de beleza, por conta própria;

l) o prestador de serviço de natureza eventual em órgão público, inclusive o integrante de grupo-tarefa, não sujeito a regime próprio de previdência social;

m) vendedores de livros religiosos, tais como os ocasionais, os aspirantes, os licenciados e os credenciados (colportor-estudante);

n) presidiário exercente de atividade por conta própria;

o) no período de 11.6.1973 a 12.3.1974, o temporário; e

p) o avulso, de 11.6.1973 a 19.10.1976.

O médico-residente (Lei n. 6.932/81) foi equiparado a autônomo (RCPS, art. 10, V, "*e*").

O Regulamento do Custeio da Previdência Social (RCPS), revogado pelo RPS, considerava o titular de serventia de justiça não remunerado pelos cofres públicos, enquanto não filiado a regime próprio de previdência social, autônomo, anteriormente a 25.7.91, e a Orientação Normativa SPS n. 2/94 classificou-o como empresário, a partir dessa data.

Pessoa física não se confunde com jurídica, embora por vezes não seja fácil distingui-la, como asseverado, do titular de firma individual de pequeno porte. Tem capacidade física e jurídica para o exercício de sua profissão. Dentro dessa capacidade, compreende-se a idade mínima de 16 anos para a habilitação profissional, especialmente no tocante às ocupações regulamentadas.

Como dito, o autônomo detém uma profissão, desde a mais simples até a mais cientificamente sofisticada. Domina uma técnica. Conhece habilidade ou arte, e, graças a sua aptidão, exerce o labor assegurador dos meios de subsistência ou de realização pessoal. Dentro da sua profissionalidade, entende-se a locação de serviços remunerados. Excepcionalmente, pessoas abnegadas trabalham sem pagamento, devendo os casos dessa espécie serem examinados, *per se* e à vista, de seu conteúdo social.

Característica significativa do profissional é a habitualidade no desempenho do esforço pessoal. Para isso, é necessário exercer a profissão frequentemente. Outra, o adestramento.

Para algumas ocupações, é exigida habilitação formal. Todavia, comprovado o exercício, para fins de previdência social, não importa se o autônomo detém ou não diploma, ou certificado capaz de qualificá-lo. Excetuam-se, evidentemente, algumas atividades, como a dos liberais.

O autônomo opera por conta própria. Em decorrência, assume determinados riscos. Baseado em pequeno estabelecimento ou empreendimento econômico (v. g., escritório, fábrica de artefatos, móveis, ferramentas etc.), firma contratos de fornecimento de mão de obra, em que importa o resultado. Sobrevêm responsabilidades relativamente a esse fim.

Enfrenta contingências profissionais como a não execução dos serviços no prazo estipulado ou sua conclusão sem as particularidades avençadas; gastar mais com materiais; ter de subempreitar parte da tarefa; ter o ganho diminuído por erro de cálculo; ter de refazer parte ou todo o trabalho. Tais eventualidades correm por conta do trabalhador.

Em seu art. 2º, ao definir empregador, diz a CLT assumir ele os riscos da atividade econômica. Ali, tais possibilidades são as de não produzir, de produzir e não vender, de ter de comercializar por valor inferior ao do custo, de entrar em concordata ou falir, entre outras.

O empregado (e, também, o temporário, o avulso e o doméstico) não se submetem às contingências econômicas nem profissionais, pouco importando, para a sua definição, o sucedido com quem lhe propicia os serviços.

Para a Justiça Federal, só se pode alegar ter sido fraudulenta a sua inscrição no INSS, se lhe oferecer amplo direito de defesa. O convênio do FUNRURAL com os sindicatos rurais para a prestação de assistência médica, *per se*, não faz do médico autônomo um empregado do Sindicato.

Autônomo voluntário

Existem trabalhadores que prestam serviços para instituições, pessoas físicas ou jurídicas sem quaisquer remunerações. São abnegados que fogem do conceito trabalhista ou previdenciário.

Autônomo na Medida Provisória n. 808/17

A Lei n. 13.457/17 e a Medida Provisória n. 808/17 não conceituam o autônomo; elas dispõem sobre a sua prestação de serviços para pessoas jurídicas. Isso é tarefa para o art. 11, V, *"h"*, do PBPS.

Como se verá, em sua essência, os vários parágrafos do art. 442-B da CLT são repetitivos, revelando a preocupação das empresas de não desejarem a relação empregatícia desses profissionais.

Relembrando Mario de La Cueva, a realidade é quem ditará as definições. A insistência nesse sentido é bastante visível e não se sabe, num primeiro momento, como reagirão os magistrados da Justiça do Trabalho. Na versão original, a partir da primeira lei acima mencionada, pontuava o art. 442-B da CLT:

> "A contratação do autônomo, cumpridas por este todas as formalidade legais, *com ou sem exclusividade*, de forma contínua ou não, afasta a qualidade de empregado prevista no art. 3º desta Consolidação." (grifos nossos)

a) continuidade

Já a nova versão, devida a Medida Provisória n. 808/17 reza:

> "A contratação do autônomo, cumpridas por este todas as formalidades legais, de forma contínua ou não, afasta a qualidade de empregado prevista no art. 32 desta Consolidação." (CLT, art. 442-B).

Basicamente, o que se assevera nesta narrativa é que um autônomo poderá prestar serviços para uma pessoa jurídica por muito tempo sem perder a condição de obreiro independentemente concebido no PBPS e na legislação civil, sem se tornar o empregado regido pelo art. 3º da CLT.

Neste momento, sem preocupação com a experiência do dia a dia, o recente comando ignora que essa continuidade convalidada, combinada com outros elementos da realidade laboral, possa alterar o tipo de contrato presente entre as duas partes (*O Autônomo no Século XII*. São Paulo: LTr, 2017, no prelo).

b) Unicidade laboral

Deixa claro o § 1º do novo dispositivo:

"É vedada a celebração de cláusula de exclusividade no contrato previsto no *caput*".

Indica esse preceito que o contrato de trabalho não poderá conter uma cláusula que disponha sobre a exclusividade, em face do direito constitucional de trabalhar. E, distante do mundo jurídico, nem impedir o trabalho além da empresa contratante.

O autônomo poderá oferecer os seus préstimos para outras empresas ou pessoas físicas.

À evidência, descumprida essa norma, se for do seu interesse, caberá ao trabalhador entrar em juízo ou não aceitá-la quando da contratação.

A ideia é reafirmada no § 2º, que dita:

"Não caracteriza a qualidade de empregado prevista no art. 3º o fato de o autônomo prestar serviços a apenas um tomador de serviços."

Quer dizer, ele poderá ser autônomo em relação a diversos contratos de trabalho, fato comum com os médicos e representantes comerciais.

Ipso facto, se a empresa exigir exclusividade, presentes os demais elementos do art. 3º da CLT, o contrato de trabalho se transfigurará em relação de emprego.

c) Diversidade contratual

A questão da diversidade laboral é estendida no § 3º:

"O autônomo poderá prestar serviços de qualquer natureza a outros tomadores de serviços que exerçam ou não a mesma atividade econômica, sob qualquer modalidade de contrato de trabalho, inclusive como autônomo."

O profissional, mantendo-se como autônomo, poderá ser empregado em outra empresa ou avulso, temporário, cooperado, eventual, empresário e até mesmo, duplamente, autônomo.

Não se sabe qual o propósito de levantar essa questão; não há impedimento constitucional ou legal de exercer múltiplas atividades quando não empregado. Como presumido, tem permissão para se estabelecer concorrentemente (*sic*).

Nessa linha de pensamento, poderá ser incluído o médico-residente e o estagiário.

d) Liberdade operacional

O § 4º trata de matéria civilista:

"Fica garantida ao autônomo a possibilidade de recusa de realizar atividade demandada pelo contratante, garantida a aplicação de cláusula de penalidade prevista em contrato."

Celebrado o contrato de trabalho de autônomo, de regra nele deverá ser estatuída uma cláusula relativa sobre o serviço convencionado, a ser executado pelo profissional independente, desobrigado de realizar outras tarefas.

Vale dizer, o elaborador da norma redigiu esse texto com a CLT à mão e preocupado com o desvio de funções, que pode induzir a relação empregatícia.

Nesse sentido, a disposição é valiosa; poderá definir eventual justa causa para rompimento do convencionado.

e) Profissões regulamentadas

Devido às pendências jazidas nas ações trabalhistas, em grande número, a Medida Provisória lembrou de alguns profissionais particulares, uma mera contribuição doutrinária sobre o tema.

Diz o § 5º:

"Motoristas, representantes comerciais, corretores de imóveis, parceiros, e trabalhadores de outras categorias profissionais reguladas por leis específicas relacionadas a atividades compatíveis com o contrato autônomo, desde que cumpridos os requisitos do *caput*, não possuirão a qualidade de empregado prevista no art. 3º."

Estas categorias de obreiros com profissão regulamentada continuarão sendo desenvolvidas por autônomos. Todavia, isso não obstará ações visando o reconhecimento do vínculo empregatício, são muitas as situações reais.

A expressão "parceiros" não é clara, mas isso não será problema na medida em que se situam trabalhadores cuja realidade provada é que definirá a natureza contratual.

f) Presença da subordinação

"Presente a subordinação jurídica, será reconhecido o vínculo empregatício."

Neste § 6º, para não pairar qualquer sombra de dúvidas, o texto faz uma declaração óbvia e esclarecedora: não existe autônomo subordinado. Restando a doutrina explicitar claramente o que se entende por isso.

Principalmente, o que é a subordinação estrutural geradora do vínculo empregatício, como lembra Kaly Brianezi ("Subordinação estrutural forma vínculo de emprego?". In: *site* Jusbrasil).

Vale registrar que a subordinação não é o único elemento de decantação da figura do empregado.

O que poderá haver é um quase-empregado, ou seja, um autônomo bem próximo da condição de empregado.

g) Concorrência leal

Por último, reza o § 7º:

"O disposto no *caput* se aplica ao autônomo, ainda que exerça atividade relacionada ao negócio da empresa contratante."

Texto confuso, não se sabendo se antes da palavra "atividade" deveria estar inserido o vocábulo "outra". Porque se não for outra, será a mesma e aí perderá sentido. Destarte, nada obstaria que um profissional estabelecido num determinado ramo econômico preste serviços autonomamente nessa mesma linha de atividade. Por exemplo, o dono de um hospital ser autônomo em outra empresa.

Pessoas Equiparadas

O PCSS, em seu art. 12, considerava autônomo (o propriamente dito) e o equiparado ao autônomo:

1) o produtor rural pessoa física;

2) o garimpeiro;

3) o eclesiástico;

4) o empregado de organismo oficial internacional; e

5) o brasileiro civil trabalhando no exterior para organismo oficial internacional.

No inciso V, designando-os como contribuintes individuais, descreve cinco desses equiparados. Pessoas, por sua natureza, não autônomas, podiam se filiar, se inscrever e contribuir como autônomos, por meio da escala de salários-base do art. 29 do PCSS, até 31 de março de 2003, sem o ser. Se fossem, não haveria necessidade de equipará-los.

A ideia é estabelecer distinção fiscal, com vistas às obrigações pertinentes ao empregado e ao autônomo. Os dois últimos elencados (inciso V, letras "d" e "e") eram empregados, tidos como autônomos, desobrigando-se o organismo oficial internacional, no Brasil ou no exterior, dos ônus fiscais dos trabalhadores subordinados.

Evidentemente, com isso, algumas diferenças ocorrem com relação às prestações, pois, nessas condições, não fazem jus aos benefícios dos empregados, temporários, servidores, avulsos e domésticos.

Produtor rural pessoa física

O produtor rural pessoa física é um empreendedor equiparado a contribuinte individual, pequeno produtor rural, praticamente o segurado especial referido no inciso VII, com a particularidade de contratar terceiros para ajudá-lo.

A partir de 23.12.1992, por força da Lei n. 8.540/92, a redação passou a ser: "a pessoa física, proprietária ou não, que explora atividade agropecuária ou pesqueira, em caráter permanente ou temporário, diretamente ou por intermédio de prepostos e com auxílio de empregados, utilizados a qualquer título, ainda que de forma não contínua".

Garimpeiro

A Lei n. 8.398/92 alterou a redação original do inciso V, acrescentando-lhe a alínea "a" ao art. 12 do PCSS, para abrigar o garimpeiro.

A Lei n. 9.876/99 atualizou a redação.

Garimpeiro é outro pequeno empreendedor, excluído do âmbito rural por não estar ocupado na exploração agropecuária e com nova redação:

"a pessoa física, proprietária ou não, que explora atividade de extração mineral — garimpeiro — em caráter permanente ou temporário, diretamente ou por intermédio de prepostos e com auxílio de empregados, utilizados a qualquer título, ainda que de forma não contínua."

Eclesiástico

Não obstante a referência expressa no art. 143, § 2º, da CF, é segurado sem definição na LOPS, CLPS ou no PBPS. Quiçá na Lei n. 6.696/79, a primeira a considerá-lo segurado obrigatório.

De modo geral, a descrição pode ser encontrada na Portaria MPAS n. 1.984/80:

"aqueles que consagram sua vida ao serviço de Deus e do próximo, com ou sem ordenação, dedicando-se ao anúncio de suas respectivas doutrinas e crenças, à celebração dos cultos próprios, à organização das comunidades e à promoção de observância das normas estabelecidas, desde que devidamente aprovados para o exercício de suas funções pela autoridade religiosa competente."

Do ponto de vista previdenciário, eclesiástico é pessoa titulada, consagrada pela autoridade competente. Possuindo a perenidade inerente à sua condição de voltado para o ofício da fé, à catequese e aos ensinamentos práticos dos preceitos divinos, mantém-se a serviço dos homens e de Deus.

Para a legislação é o ministro de confissão religiosa e o membro de ordens, congregações ou institutos de vida consagrada, incluídas as companhias. Não se confunde tal eleito com os acólitos, presbíteros, diáconos, fiéis, seguidores ou quem se esteja adestrando para o ministério religioso, caso dos seminaristas, postulantes e noviciantes (Parecer CJ/MPAS n. 33/81, *in* Processo MPAS n. 15.042/80).

Empregado de organismo oficial internacional

Empregado de organismo oficial internacional ou estrangeiro em funcionamento no Brasil é o prestador de serviços para entidades do tipo ONU, não filiado a outro regime de previdência social, geralmente do órgão ou país de origem, assim classificado até 28.11.1999 (Lei n. 9.876/99).

Prestador de serviços no exterior para organismo oficial internacional

Prestador de serviços no exterior para organismo oficial internacional é o civil trabalhando para órgãos internacionais, salvo se protegido pela previdência social do país do domicílio.

5

Características Básicas

Não são poucas as características que a doutrina edificou para a decantação do conceito de autônomo e, no âmbito trabalhista e previdenciário, principalmente com a finalidade de distingui-lo de outros trabalhadores ou segurados do RGPS.

A Justiça do Trabalho costuma se concentrar em elementos diferenciadores, podendo-se afirmar que as condições de trabalho comuns a todos os trabalhadores, como cumprimento de horário, observância de regras de segurança e outros itens nem sempre são capazes de estabelecer o vínculo empregatício.

Seguem-se as principais.

Pessoalidade

Somente a pessoa física pode ser um autônomo. Tem de ser um indivíduo civil e previdenciariamente capaz. Ter mais de 16 anos.

Do ponto de vista legal, quem não desfruta de capacidade civil não pode se estabelecer como autônomo, ainda que muitos menores de idade o façam, devidamente aprovados pela autoridade competente.

Para se inscrever na Previdência Social e poder contribuir é reclamada a idade mínima de 16 anos, mas os tribunais já excepcionaram essas regras em decisões isoladas.

Rigorosamente quem recebe a aposentadoria por invalidez do RGPS ou de um Regime Próprio de Previdência Social (RPPS) não pode trabalhar como autônomo sem sofrer sanções previdenciárias.

Ineventualidade

Este tipo de trabalhador obtém os meios de subsistência graças ao seu ofício exercitado continuamente. Todavia, vale lembrar que essa ideia diz respeito àquele que já está trabalhando; no começo de sua vida profissional, logo no início não há continuidade, mesmo para os recém-formados.

Portanto, a habitualidade faz parte da definição desse profissional. Por isso, não deve ser confundido o com o trabalhador eventual (que, um dia, poderá se tornar autônomo).

Onerosidade

De regra, no comum dos casos, sua atividade é remunerável e remunerada, distinguindo do trabalho voluntário, abnegado, assistenciário ou confessional.

A OAB disciplina o exercício atividade advocacia gratuita.

A referência à onerosidade é despicienda na medida em que, com exceção do segurado facultativo e de um ou outro trabalhador excepcionado, todos os segurados do Regime Geral são retribuídos pelo seu serviço.

Profissionalidade

O autônomo é um profissional, ele domina tecnicamente uma técnica específica e por conta disso assume a responsabilidade pelos seus atos.

A maioria tem uma profissão regulamentada, mas mesmo sem essa condição, não perde esse *status*.

Como antecipado esta expressão é traiçoeira; muitas vezes confundida com ofício, ocupação, ou função. Nas empresas encontram-se empregados com cada uma dessas atribuições.

Independência

Quando trabalha, o autônomo não se subordina a ninguém, embora essa afirmação não seja absoluta, vez que o serviço executado muitas vezes recomenda a observância de regras e procedimentos do tomador dos seus serviços.

Como se verá ao longo deste escorço, a prova e a contraprova dessa independência, em cada caso, especialmente no que diz respeito aos profissionais liberais, é sempre onerosa para ambas a partes litigantes em juízo.

A juíza Maria Roseli Mendes Alencar, da 1ª Turma do TRT da 7ª Região, entendeu que demonstrado nos autos a subordinação estrutural (aquela que diz respeito a ordem de trabalho da produção empresarial) e que dispensaria até mesmo a submissão ao superior hierárquico, que persiste a existência do vínculo empregatício e afasta a condição de contrato civil de autônomo (In: *Supl. de Jurisp. LTr*, n. 22/16, p. 175).

Perde parte de sua liberdade ao concordar com os termos do contrato que celebra com esse contratante.

Motorista com veículo próprio, assumindo os gastos com o seu instrumento de trabalho, portanto, considerado autônomo, não logrou reconhecimento do vínculo empregatício com uma cooperativa (decisão de 6.5.16, da 5ª Turma do TRT da 2ª Região, relatada pela juíza Maria da Conceição Batista, in: *Supl. de Jurisp. LTr*, n. 27/16, p. 216).

Detenção de meios próprios

De regra, um empregado usa os instrumentos do empregador, um autônomo detém os próprios instrumentos que carrega consigo ou não. Todavia, sem prejuízo de se utilizar de alguns meios do contratante.

Exemplificativamente, um motorista particular será autônomo se for proprietário do veículo. No caso de dirigir um veículo de propriedade de uma pessoa ou família dentro ou fora do ambiente residencial será doméstico.

Contratualidade

A prestação de serviço é derivada de um contrato de natureza civil não laboral, que, com o passar do tempo, pode se tornar um vínculo empregatício ou de sociedade.

Exclusividade

Nessa condição formal, um autônomo pode prestar serviços para várias empresas sem perder o seu *status* jurídico e a exclusividade *per se* não o classifica como empregado.

Contadores costumam fazer a escrita contábil de várias pequenas empresas sem perder a sua definição de autônomo, mas comumente criam uma personalidade jurídica.

Independentemente do fato de ter sido celebrado um contrato de trabalho como corretor de seguros autônomo e ausente a exclusividade, demonstrada a pessoalidade, dependência, onerosidade e subordinação na prestação dos serviços, esse corretor é empregado da contratante. Assim entendeu o Juiz José Ernesto Manzi, da 3ª Turma do TRT da 12ª Região, em decisão de 24.1.2016, in: *Supl. de Jurisp. LTr*, n. 15/16, p. 119.

Ao contrário, o reclamante foi considerado autônomo um corretor de seguros que exerceu sua função como prevista na legislação disciplinadora da profissão (Acórdão do TRT da 15ª Região, relatado pela juíza Dora Rossi Does Sanchez, de 18.11.2015, in: *Supl. de Jurisp. LTr*, n. 5/16, p. 35).

Substitutividade

Durante a prestação dos serviços a possibilidade do autônomo se fazer substituir, é polêmica na doutrina. Não podemos concordar inteiramente com Josenir Teixeira ("O médico autônomo". In: *site* Josenir Teixeira Advocacia), quando ele afirma que um médico pode transferir a realização do trabalho a outro médico.

Neste caso particular, o cliente e até mesmo o hospital julgam relevante o nível de confiança depositado no profissional contratado. Entretanto, na prática, é sabido que médicos celebrizados ajustam uma operação com o cliente e são os seus médicos auxiliares de sua equipe que a realizam, ainda que sob sua supervisão.

6

Relação Jurídica

Devido à imposição da legislação previdenciária, a relação fática entre um autônomo e quem contrata os seus serviços estabelece, por conseguinte, uma relação jurídica.

São dois polos envolvidos: uma pessoa física (o autônomo) e uma pessoa física (seu cliente) ou pessoa jurídica (empresa contratante).

Esse liame tem dealbar, desenvolvimento e término. Pode ser de curta duração ou permanente. O ocaso se dá em razão do convencionado ou de ação de uma das partes ou das duas.

Adstritos a vontade própria de ambos, celebram um contrato geralmente de natureza civil, o que torna essa tipicamente relação civil, sem quaisquer aspectos comerciais.

Nesse sentido, portanto, rege-se pelo Código Civil.

Tipo de contratos

O contrato comumente é escrito, padronizado ou não, e ter outras enclausurando as condições da prestação dos serviços, entre as quais no mínimo a identificação da pessoa física, documentos exigidos, valor da retribuição convencionado, forma de pagamento, duração do contrato, multa contratual, utilização de instrumental etc., especialmente se contará com a ajuda de terceiros.

Também, pode ser verbal, ainda que não seja recomendado.

Num raro caso será tácito.

Público, se contratado pelo serviço público.

O contrato será de trabalho e não de emprego.

Escopo final

O objetivo desse contrato é a realização de uma tarefa convencionada, ou seja, um resultado adrede estipulado.

Forma de quitação

Nesse contrato, as partes convencionarão como será feita a retribuição dos serviços prestados:

a) antecipadamente;

b) mensalmente;

c) parceladamente;

d) posteriormente ao término do trabalho;

e) ao final do contrato.

Filiação e inscrição ao RGPS

A filiação e a inscrição do trabalhador não são mais obrigatórias no RGPS.

Não existe a possibilidade de ele ser um segurado facultativo.

O autônomo pode ser ativo ou inativo, isso não importa.

É classificado como contribuinte individual desde a Lei n. 9.876/99.

Órgão de controle profissional

No caso de haver formalidades legais, é a posse da inscrição no órgão de controle do exercício profissional é a convicção da existência da relação jurídica.

Por exemplo: OAB, CFM, CREA, CRO etc.

Direitos trabalhistas

O autônomo não é empregado e, portanto, não faz jus a maioria dos direitos contemplados na CLT e outras legislações trabalhistas como férias, aviso prévio, 13º salário, equiparação salarial, horas extras, participação de lucros ou resultados, rescisão contratual etc.

7

Conceitos Doutrinários

Omar Chamon define o autônomo, que chama de segurado individual, "daquele que presta serviços, sem subordinação, a uma ou mais empresas, porém com continuidade" Continuidade dele, do trabalhador (*Direito Previdenciário*. Rio de Janeiro: Impetus, 2012. p. 41).

Para Stela Ost, trabalhador autônomo é todo aquele que exerce sua atividade profissional sem vínculo empregatício, por conta própria e com assunção de seus próprios riscos. A prestação de serviços é de forma eventual e não habitual (Trabalho autônomo. In: *Âmbito Jurídico*).

De acordo com o pensamento de Paulo Emílio Ribeiro de Vilhena, autônomo é o trabalhador que desenvolve sua atividade com organização própria, iniciativa e discricionariedade, além da escolha do lugar, do modo, do tempo e da forma de execução.

Os autônomos teriam a vantagem de negociar mais livremente as relações de trabalho, como horários mais flexíveis e salários.

Um trabalho independente, à medida que é realizado, por conta própria, rende benefícios diretos ao trabalhador, que em troca, também deve suportar os riscos desta atividade.

Antonio Palermo, citado por Roberto Vilhena, qualifica o trabalho autônomo sob a suposição da individualidade, que no seu pensar se desdobra pelos seguintes fundamentos:

a) liberdade de organização e de execução do próprio trabalho, ou seja, o trabalhador autônomo pode utilizar-se de substitutos ou ainda de auxiliares;

b) liberdade de disposição do resultado do próprio trabalho, sobre a livre base do contrato de troca, vale dizer: não aliena a sua atividade, na medida em que ele labora por conta própria, podendo se assim estiver acordado, alienar o próprio resultado trabalho, ao contrário do trabalho subordinado em que o prestador exerce uma atividade para outrem, alienando a força de trabalho, ou seja, pondo à disposição de outra pessoa a sua atividade sem assumir os riscos tendo assim que se sujeitar às sanções que o credor entenda que devam ser aplicadas, sempre que venha violar os deveres impostos pela relação laboral submetendo-se, portanto, ao poder de direção empresarial, inclusive no aspecto disciplinar;

c) autonomia do prestador da obra no duplo sentido: liberdade de vínculo de subordinação técnica, na medida em que a prestação de trabalho é fruto de uma manifestação da capacidade profissional ou artística individual e econômica, considerando que o trabalhador assume o risco do próprio trabalho, sofrendo eventualmente seus riscos.

Por meio desses fundamentos, pode-se afirmar que o trabalhador autônomo não se encontra sujeito a um dever de obediência, não recebendo ordens do beneficiário da atividade, o qual se limita, a dar indicações sobre o resultado a ser obtido.

Espécies

Há duas espécies de trabalhadores autônomos:

a) prestadores de serviços de profissões não regulamentadas: como por exemplo: encanador, digitador, pintor, faxineiro, pedreiro e outros assemelhados;

b) prestadores de serviços de profissões regulamentadas: como por exemplo: advogado, médico, contabilista, engenheiro, nutricionista, psicólogo, e outros registrados nos seus respectivos conselhos regionais de fiscalização profissional.

O autônomo, para se distinguir do empregado tem de ser dono de si mesmo, não estando sob qualquer forma subordinado à figura do empregador, tendo total liberdade para executar o seu trabalho durante o tempo que achar necessário, podendo começar e parar a qualquer momento.

Quando se tratar de profissão regulamentada, os respectivos contratos de prestação de serviços serão assim considerados, sempre que os trabalhadores autônomos estiverem registrados no órgão de fiscalização profissional de sua categoria e regularmente inscritos no INSS. No caso de constatação de relação de emprego dissimulada em relação de serviços, o débito apurado será objeto de cobrança de contribuição não recolhida.

Trabalho na Espanha

Tentando resolver o problema da falta de proteção dessa categoria de trabalhadores, na Espanha foi aprovada a Lei n. 20/07, de 11 de julho, instituindo o Estatuto do Trabalhador Autônomo.

De acordo com a referida norma, além do trabalhador autônomo ordinário, que é a pessoa física que realiza de forma pessoal, habitual, direta, por conta própria e fora do âmbito de direção e organização de outra pessoa ou empresa uma atividade econômica ou profissional a título lucrativo, foi criada a figura do trabalhador autônomo dependente.

Naquele país, a norma o conceitua como sendo aquele trabalhador que realiza uma atividade econômica ou profissional a título lucrativo e de forma habitual, pessoal, direta e predominantemente para uma pessoa física ou jurídica, denominada cliente, de quem depende economicamente por perceber dela, ao menos setenta e cinco por cento (75%) de seus rendimentos de trabalho e de atividades econômicas ou profissionais.

Para a doutrina, o elemento básico dessa definição seria a dependência econômica, ainda que tenham que concorrer outras circunstâncias ou elementos exigidos pela lei. Estes elementos que definem os trabalhadores autônomos, como dependentes, são:

a) Que os trabalhadores não sejam empregadores;

b) Que eles não executem suas atribuições de maneira conjunta ou em igualdade de condições com os trabalhadores da empresa cliente;

c) Que desenvolvam seu trabalho com critérios organizativos próprios;

d) Que disponham de infraestrutura produtiva e dos materiais necessários para sua atividade;

e) Que percebam uma contraprestação econômica em função do resultado da sua atividade;

f) Que não sejam titulares de estabelecimentos ou locais abertos ao público;

Como se vê, há uma tendência no sentido de se garantir ao trabalhador autônomo economicamente dependente algum tipo de direito e proteção inerentes ao trabalhador subordinado.

Nos últimos anos, observa-se um especial crescimento do trabalho autônomo, mais significativamente nos serviços empresariais, na intermediação financeira, nas atividades sanitárias e outros serviços prestados a comunidade, assim como certo aumento de sua presença entre os técnicos e profissionais de apoio e os técnicos e profissionais científicos e intelectuais, sem esquecer que a fórmula do trabalho autônomo está ganhando terreno entre os jovens e mulheres, em boa medida como consequência da promulgação de normas de caráter promocional.

Fazendo uma diferenciação por sexos, os autônomos homens desempenham sobre tudo, postos de direção e gerência, assim como trabalhos qualificados nas manufaturas e na construção, entretanto, as trabalhadoras autônomas, além de ter certa representação em postos de direção e gerência, se destacam em serviços de restauração, comércio e pessoas.

A opção pelo trabalho por conta própria se realiza, voluntariamente, que é o mais habitual, de forma forte como consequência do difícil acesso ao mercado de trabalho dependente ou assalariado que conduz a determinados setores da população a realizar experiências de auto emprego, como única saída para obter os meios necessários para assegurar a sua subsistência.

Código de Trabalho

Urge disciplinar essas relações pessoais em razão do Direito Civil, do Direito do Trabalho do Direito Previdenciário e até mesmo do Direito Processual Penal.

Considera-se que a reforma trabalhista da Lei n. 13.157/17 visou favorecer o empresariado da contração de um trabalhador menos custoso (igual ao temporário ou terceirizado).

Importa fixarem-se ideias de sua situação original, de autônomo, de quase empregado e de empregado.

De lege ferenda

Se o legislador brasileiro deseja que continue existindo um trabalhador autônomo com as características reais, naturais e legais, ele deve implementar direitos sociais compatíveis com a sua dignidade.

Não pode ficar a margem do previsto para os empregados, entre os quais as férias, o décimo terceiro salário, a prestação acidentária e outros mais compatíveis com sua situação etc.

Férias anuais

O tipo de contrato deve permitir a interrupção atual do trabalho para que o autônomo possa descansar, inspirando-se na CLT.

Décimo terceiro honorário

O valor dos honorários pode ser convencionado de modo que ele recaba o equivalente a 13 mensalidades

Prestações acidentárias

A legislação securitária deve ser estendida ao trabalhador independentemente, exigindo do empregador que ele contrate um seguro privado como sucede com o estagiário.

9

Distinções Necessárias

Em particular, três figuras de obreiros merecem distinção do autônomo.

Trabalhador eventual

O trabalhador eventual é uma pessoa dependente, sem profissão definida ou que está se adestrando antes de dominá-la, e presta serviços ocasional e subordinadamente às empresas, sem chegar a ser autônomo ou empregado.

Ela se identifica por trabalhar em ocupação esporádica, serviço não permanente, tarefa não habitual.

Definir eventual é tarefa árdua e, a partir da Lei n. 5.890/73 — a primeira norma a equipará-lo ao autônomo, tornando-o praticamente um autônomo não inscrito —, quase uma inutilidade.

O legislador de 1991 desceu a níveis insuspeitáveis de insuficiência técnica e o considera um prestador de serviços, "em caráter eventual, a uma ou mais empresas, sem relação de emprego".

O art. 12, V, "g", o define como:

"Quem presta serviços de natureza urbana ou rural a uma ou mais empresas, sem relação de emprego."

A rigor, a definição legal é precária e pouco esclarecedora:

1) "quem presta serviço" é designação comum a todos os obreiros;

2) a referência aos semicírculos urbano e rural é despicienda; com ou sem ela, nada se caracteriza;

3) o "em caráter eventual" é impropriedade, mesmo à vista do conceito de não eventual do art. 10, § 2º, do RCPS. É tautologia pretender definir o eventual com a palavra "eventual". Pior ainda, não deixando claro se essa ocasionalidade diz respeito ao trabalhador (*sic*) ou à tarefa (*sic*);

4) a multiplicidade de empresas não é própria desse obreiro; se ele se multiplica é praticamente um profissional, um autônomo; e

5) "sem relação de emprego" é truísmo desnecessário.

Ninguém confundirá o eventual com o empregado. Um, é trabalhador fortuito e o outro, prestador permanente de serviços, cifrada a frequência de ambos em relação à tarefa executada.

A locução legal reduz-se à essência da atividade empreendida: tem de ser acidental (podendo ser exercitada, conforme a necessidade, também, pelo empregado).

Suas características básicas são: a pessoalidade, a eventualidade e, consequentemente, a não habitualidade do labor e, assinale-se, a dependência hierárquica. Exatamente como o empregado, é subordinado ao poder de comando da empresa. Tem seu trabalho conduzido pelo contratante e não é autossuficiente como o autônomo.

Isso se deve a inúmeros fatores e o principal deles é não possuir o domínio de uma profissão. O outro, a própria singeleza da tarefa executada, sem falar do realizador, alguém se iniciando numa carreira, marginalizado no mercado de trabalho ou na sociedade. Excepcionalmente, é segunda atividade da pessoa, correspondendo ao subemprego, quando não ao desemprego.

O trabalhador eventual, uma figura praticamente em extinção, tem alguma semelhança com o autônomo. Todavia, por lhe faltar continuidade laboral, experiência técnica e alguma profissionalidade, restando ser um prestador de serviços ocasionais não é tido como autônomo. Nessa definição é preciso responder quem é o eventual e será ele, o prestador de serviços.

De todo modo, remunerando esse obreiro, a empresa lhe dará tratamento fiscal igual ao autônomo, ou seja, reterá 11% da remuneração e recolher a parte patronal de 20%.

Não se deve confundir o autônomo não inscrito com o eventual. Uma vez contratada essa figura caberá a empresa exigir a inscrição no INSS ou não contratá-lo.

Estagiário

O estagiário não é autônomo nem empregado. Ele observa um regime próprio de previdência social em matéria de contribuições e de benefícios, regido na Lei n. 8.708/08 (*Estágio Profissional em 1400 Perguntas e Respostas*. São Paulo: LTr, 2009).

De igual modo, esse tipo especial de contrato pode se transformar em vínculo empregatício.

Autônomo não inscrito

Como seu título indica, o autônomo não inscrito é um autônomo que, sem embargo, não se inscreveu na previdência social.

Se uma empresa tem interesse em admiti-lo, deve exigir que ele promova a inscrição que é uma tarefa fácil.

10

Representante Comercial

De regra, o representante comercial é um autônomo, bastante independente e com certa semelhança com o pequeno comerciante. Ele presta serviços de intermediação mercantil para a contratante dos seus esforços. Foi expressamente mencionado na Medida Provisória n. 808/17.

Normalmente sua atividade é externa e são raros os casos em que ele se torna empregado.

Fonte formal

A Lei n. 4.886/85 regula a atividade do representante comercial.

Definição mínima

Pode ser definido como uma pessoa física que, por conta própria e mediante remuneração, designada usualmente como comissões, continuamente intermedia negócios mercantis em nome do representado, é a empresa contratante dos seus serviços.

Órgão de controle profissional

O órgão fiscalizador profissional dos representantes é o Conselho Regional dos Representantes Comerciais (CORE).

Impedimentos

Não pode ser representante comercial:

a) quem não pode ser comerciante;

b) o falido não reabilitado;

c) o condenado por infração penal de natureza infamante, tais como falsidade, estelionato, apropriação indébita, contrabando, roubo, furto, lenocínio ou crimes também punidos com a perda de cargo público;

d) o que estiver com seu registro comercial cancelado como penalidade.

Nuanças do contrato

Do contrato de representação comercial, além dos elementos comuns e outros, a juízo dos interessados, constarão obrigatoriamente:

a) condições e requisitos gerais da representação;

b) indicação genérica ou específica dos produtos ou artigos objeto da representação;

c) prazo certo ou indeterminado da representação;

d) indicação da zona ou zonas em que será exercida a representação;

e) garantia ou não, parcial ou total, ou por certo prazo, da exclusividade de zona ou setor de zona;

f) retribuição e época do pagamento, pelo exercício da representação, dependente da efetiva realização dos negócios, e recebimento, ou não, pelo representado, dos valores respectivos;

g) os casos em que se justifique a restrição de zona concedida com exclusividade;

h) obrigações e responsabilidades das partes contratantes;

i) exercício exclusivo ou não da representação a favor do representado;

j) indenização devida ao representante pela rescisão do contrato fora dos casos previstos para justa causa, cujo montante não poderá ser inferior a 1/12 (um doze avos) do total da retribuição auferida durante o tempo em que exerceu a representação.

Comissões

O representante comercial adquire o direito às comissões quando do pagamento dos pedidos ou propostas. O pagamento dessas retribuições deverá ser efetuado até o dia 15 do mês subsequente ao da liquidação da fatura, acompanhada das respectivas cópias das notas fiscais.

As comissões pagas fora do prazo previsto deverão ser corrigidas monetariamente. Elas serão calculadas pelo valor total das mercadorias.

Salvo ajuste em contrário, as comissões devidas serão pagas mensalmente, expedindo o representado a conta respectiva, conforme cópias das faturas remetidas aos compradores, no respectivo período.

Essas comissões são a base de cálculo das alíquotas de contribuição securitária.

11

Profissional do Sexo

O Projeto de Lei n. 4.211/12, batizado como Lei Gabriela Leite, foi protocolado em 2012 na Câmara dos Deputados, pelo Deputado Federal Jean Wyllys.

O Projeto de Lei foi assim batizado porque Gabriela Leite foi prostituta, autora do livro "Filha, mãe, avó e puta — a história de uma mulher que decidiu ser prostituta". Ela foi fundadora da ONG Davida.

A instituição defende dos direitos do profissional do sexo, eufemismo para prostituta ou prostituto.

A Câmara dos Deputados já havia recebido o Projeto de Lei em 2003, quando o então deputado federal Fernando Gabeira realizou a primeira tentativa de fazê-lo tramitar pela casa. Como Gabeira não se reelegeu deputado, ele foi arquivado.

Definição de profissional do sexo

De acordo com o Projeto de Lei Gabriela Leite, é considerado profissional do sexo qualquer pessoa acima de 18 anos, em plena capacidade de suas funções mentais e físicas, que presta, voluntariamente, serviços sexuais em troca de dinheiro.

Isso significa que, caso a lei passe, os menores e considerados incapazes não terão os direitos então previstos. Restaram num limbo jurídico.

Além disso, as condições que indiquem a exploração sexual dessas pessoas continuarão sendo crime passível de punição.

Há muitas opiniões contrárias no seio da sociedade em relação à regulamentação da prostituição e à garantia dos direitos trabalhistas desse segmento social.

O debate divide opiniões: grupos religiosos, cidadãos comuns e até dentro das ordens feministas, os mais diversos argumentos são listados.

A regulamentação da prostituição tem como finalidade reduzir os riscos que os profissionais do sexo enfrentam no exercício de suas atividades. Não se sabe como nem ficou claro.

Os profissionais passam a ter direitos às prestações previdenciárias, além do auxílio da justiça para assegurar que sejam remunerados pelos seus serviços. Eles também ganham acesso ao Direito do Trabalho, à segurança e à saúde.

Relação de trabalho

Relação de emprego e relação de trabalho são duas situações distintas. Na primeira, há o registro do empregador na CTPS do trabalhador.

O que o Projeto de Lei propõe, no entanto, é uma relação de trabalho. Isso quer dizer, que os profissionais do sexo não terão de obedecer às ordens de um superior ou de um chefe. Também não terão uma CTPS assinada ou acesso aos mesmos benefícios de quem a tem.

Regulamentação

Um ponto bastante abordado nos argumentos a favor da regulamentação é a inclusão social e a diminuição da marginalização do grupo vítima de preconceito.

Além disso, com a regulamentação vem a fiscalização do ofício. Uma vez passível o monitoramento, o Estado poderia averiguar as condições de trabalho destes profissionais e evitar casos de violência que já levaram à óbito muitos desses profissionais.

Outro ponto importante é a capacidade que o Estado receberia de conter surtos de doenças venéreas e até maior controle sobre a transmissão do vírus HIV.

Argumentos contrários

Os contrários argumentam que o que está em jogo neste Projeto de Lei é a legalização das atividades dos cafetões e empresários do sexo.

Afirmam que o conteúdo do Projeto de Lei Gabriela Leite tem o objetivo de inflar a indústria do sexo e utilizar os corpos das mulheres, que seriam verdadeiras operárias do amor, para faturar quantias exorbitantes, sem determinar nenhuma medida de política pública para garantir a integridade dessas praticantes.

12

Aposentado pelo Regime Geral

Exceto no caso do percipiente de aposentadoria por invalidez, nada obsta que um autônomo aposentado continue trabalhando ou volte ao serviço na mesma ou em outra empresa e preste serviços para pessoas físicas ou jurídicas.

Aliás, é um fato bastante comum nos dias de hoje.

Ex vi do art. 12, § 4º, do PCSS, ele continuará contribuindo e gerando contribuição por parte da empresa contratante.

> "O aposentado pelo Regime Geral de Previdência Social — RGPS que estiver exercendo ou que volta a exercer aticidade abrangida por este regime é segurado obrigatório em relação a essa atividade, ficando sujeito às contribuições de que trata esta lei, para fins de custeio da seguridade social."

Nessas condições, ele se identifica com o trabalhador ativo, sujeitando-se as mesmas obrigações e com os mesmos direitos trabalhistas (que são poucos) e civis.

Neste caso, sofrerá a retenção dos 11% já referidos abundantemente e obrigará a empresa a recolher a parte patronal ou dos 20% pessoais.

O destino dessas contribuições continua em aberto, especialmente depois da decisão do STF de 26.10.2016, que não admitiu a desaposentação. Mas, de todo modo, fica a sua disposição, se ele vier a contriuir por mais 15 anos adquirir a reaposentação.

Segurado Facultativo

O trabalhador autônomo é segurado obrigatório, pelo menos desde a criação do Instituto de Aposentadoria e Pensões dos Comerciários (IAPC).

Circunstancialmente, por variados motivos, no decurso de sua vida profissional ocorrerá de deixar de exercer atividade em algum campo específico ou em qualquer outra atividade.

Desejando permanecer filiado ao Regime Geral, computar o tempo de serviço ou de contribuição, como qualquer outra pessoa, tem direito de contribuir como segurado facultativo.

Reza o art. 14 do PBPS:

"É segurado facultativo o maior de 14 (quatorze) anos de idade que se filiar ao Regime Geral de Previdência Social, mediante contribuição, na forma do art. 21, desde que não incluído na disposição do art. 12."

O art. 12 elenca os segurados obrigatórios e o art. 21 determina que a sua contribuição será de um determinado valor adiante apreciado.

Assim, deixando de exercer atividade que o filiava obrigatoriamente ao Regime Geral, o autônomo poderá no primeiro mês de inatividade inscrever-se como facultativo, ou seja, usar o código de recolhimento que passará a ser 1406 e efetuar os pagamentos mensais via carnê de recolhimento.

Como não tem honorários em razão da inatividade, aportará 20% de um salário de contribuição que, sob sua escolha variará de R$ 937,00 (salário mínimo) até R$ 5.531,31 (teto da previdência), valores de 2017.

Servidor público

As normas do serviço público não admitem uma figura semelhante no RPPS. Logo, nenhuma pessoa consegue manter a qualidade de segurado de servidor após a demissão (Contribuição Facultativa do Servidor. In: *Jornal do 19º Congresso Brasileiro de Previdência Social*. São Paulo: LTr, 2006. p. 12-13).

Neste caso, afastado do serviço público tem permissão para tornar-se segurado facultativo do Regime Geral para todos os fins e, se retornar ao serviço público, mediante a contagem recíproca, pedirá averbação desse período de contribuição para fins dos benefícios no RRPS.

No ensejo, salienta-se que *ex vi* do art. 201, § 5º, da Carta Magna, enquanto for servidor público não poderá ser facultativo junto do Regime Geral, o que é uma aberração jurídica.

Conhecido como autopatrocinado, essa possibilidade técnica também tem existência na previdência complementar (*Portabilidade na Previdência Complementar*. 2. ed. São Paulo: LTr, 2005).

E continuará existindo na Entidade Fechada de Previdência Complementar (EFPC) pública referida nos art. 40, §§ 14/16, da Carta Magna.

Fulcro da filiação

A base material dessa filiação ou refiliação espontânea é a volição de entronizar-se ou reentronizar-se na previdência social.

Seu início ocorre com a exteriorização do desejo de se ingressar no regime protetivo e, consequentemente, de contribuir; o pagamento da primeira contribuição vale como demonstração desse animus.

Este último ato tem como pressuposto a inscrição promovida junto ao órgão gestor. Pode acontecer no dia seguinte ao fim do contrato de emprego ou do exercício de atividade (ou, após, a qualquer tempo).

Natureza da relação

Trata-se de contribuinte atípico; todavia, como qualquer outro com a qualidade mantida por 12 meses após a cessação das contribuições, com todos os direitos ínsitos ao não exercente de atividades, ele computa tempo de filiação e de contribuição.

Historicamente, o legislador o tem como exceção, pensando ser temporária sua situação, restando óbvia a impropriedade atuarial: vertendo dos 16 aos 46 anos uma mulher aposentar-se-ia por tempo de contribuição e receberia, para o resto da vida (cerca de 40 anos).

Pelo menos antes da Lei n. 9.876/99 e Lei n. 13.183/15.

Diferentemente do passado, desde 25.7.1991, o facultativo que deixasse de contribuir, afastando-se do RGPS, a qualquer momento a ele retornasse sem a imperiosa necessidade de recolher as contribuições pretéritas. Mas, se o período de mora for superior ao da manutenção da qualidade, não poderá pagar os atrasados.

Se o rompimento do contrato (servidor sem regime próprio, empregado, temporário, doméstico, avulso), de prestação de serviço (autônomo ou eventual) ou de sociedade (empresário), estiver sendo discutida na justiça, é mantida a qualidade de segurado.

Querendo esse segurado computar o tempo de serviço correspondente precisará contribuir como facultativo.

Às vezes, em certas circunstâncias incomuns, o segurado trabalhou (filiou-se) e recolheu contribuições normalmente como segurado obrigatório, sem conseguir provar o labor (base da filiação). Operados os reparos formais e pecuniários necessários junto do Cadasto Nacional de Informações Sociais (CNIS), as cotizações podem ser tidas como de um facultativo.

Brasileiro no exterior

Rompida a filiação no território nacional, o brasileiro ou não, deslocado para prestar serviços no exterior sem residência fixa no Brasil, se desejar, contribuirá como facultativo.

Quando do restabelecimento da relação jurídica no País, retomará o vínculo previdenciário nacional somando para os fins de benefícios, o tempo de contribuição.

Prestações possíveis

O facultativo faz jus a todas as prestações compatíveis com a sua condição de pessoa que não trabalha. Terá direito aos benefícios por incapacidade e os próprios do trabalho subordinado, principalmente aqueles dependentes de idade ou contribuição.

Dupla filiação

Rezava o vetusto Enunciado CRPS n. 6:

"O ingresso do segurado em regime próprio de previdência social pelo mesmo emprego, importa na sua exclusão automática da previdência social para o qual não pode contribuir como facultativo."

Este estranho entendimento, ressoando na EC n. 20/98, deixou a Portaria MTPS n. 3.286/73 e alçou-se ao nível constitucional (com redação distinta de sua versão administrativa). Em linhas gerais, incompreensivelmente, diz que quem participa de um RPPS não se filia como segurado facultativo no RGPS (sic).

À evidência, trata-se de uma excrescência inesperada; o tema não é matéria para a Carta Magna. Ali deve ter sido contemplado pela inexplicável insistência de um preocupado observador da previdência social.

Tal impedimento institucional convencionado historicamente se deve ao anacronismo do Direito Previdenciário. Em algum momento, antes que a instituição fosse proletarizada, os benefícios previdenciários dos servidores eram prêmios a sua dedicação ao serviço público.

Para que se possa aquilatar do formidável equívoco cometido pelo Emendador Constitucional de 1998, leia-se o que dizia o Prejulgado n. 3.c da Portaria MTPS n. 3.286/73:

"O ingresso do segurado em regime próprio de previdência social, pelo mesmo emprego, importa na sua exclusão automática do sistema da LOPS, para o qual também não pode contribuir em dobro."

A referência ao mesmo emprego no Enunciado, objeto do Prejulgado anteriormente citado, induziu o então CRPS ao equívoco. A partir de 24.7.91, qualquer pessoa, mesmo nunca tendo sido segurada, pode iniciar-se como contribuinte. Lá, cuidava-se de outra situação: de quem, em razão do mesmo emprego, antes submetido ao RGPS, transformou-se em estatuário obrigando-se a regime próprio.

Assim, diferentemente do referido Enunciado, independentemente de sua filiação obrigatória a regime próprio, até 15.12.1998, não há impedimento legal de o servidor público filiar-se facultativamente ao RGPS. Com a EC n. 20/98 e a redação atribuída ao art. 195, § 5º, da Carta Magna, tal entendimento restou equivocado.

Tendo em vista que o antigo entendimento do CRPS se referia a alguém que estava filiado ao RGPS (por conta do seu trabalho, aliás, denominado de "mesmo emprego") e que passou a condição de filiado a um RPPS — como aconteceu com o regime único municipal e os empregados do Banco Central S.A. — ele era absolutamente correto; ninguém pertence a dois regimes previdenciários em decorrência da mesma base da filiação.

O Enunciado não estava dizendo que alguém filiado a um RPPS e ao RGPS, deixando a iniciativa privada, estivesse impedido de recolher como contribuinte em dobro, mas o art. 201, § 5º, da Carta Magna, infelizmente fixa exatamente isso.

Enquanto existiu o contribuinte em dobro (até 24.7.1991) a filiação facultativa só era possível ao ex-segurado. Ninguém tinha permissão para iniciar-se na previdência social como dobrista. A partir de 24.7.1991, com o PCSS e o PBPS vigendo, um segurado então maior de 14 anos, que nunca trabalhou, se quis, ingressou no regime como facultativo.

Tendo em vista que a Lei Maior derrogou o Enunciado do CRPS, justifica-se a reprodução de alguns comentários ao art. 201, § 5º, da Carta Magna:

"É vedada a filiação ao regime geral de previdência social, na qualidade de segurado facultativo, de pessoa participante de regime próprio de previdência" (art. 1º da EC n. 20/98).

Nesse dispositivo estão contempladas as seguintes hipóteses: a) servidor filiado a um RPPS não será facultativo no RGPS; b) facultativo que passa a servidor perde a primeira condição.

Mas essa mesma norma não impede que alguém seja segurado obrigatório dos dois regimes (RPPS e RGPS). Aliás, o obriga. E a rigor também não está afirmando que um servidor que seja empregado e perde o emprego na iniciativa privada possa manter-se continuar como facultativo.

Lendo-se o art. 14 do PCSS e o art. 13 do PBPS tem-se que desde 24.7.1991 o trabalhador que perdeu o emprego pode manter a qualidade de segurado e a Carta Magna não poderia impedi-lo.

Primeiro, porque o dispositivo não é autoaplicável e jamais foi regulamentado.

Segundo porque, de todo modo, o dispositivo é nitidamente inconstitucional; ele contraria o princípio da universalidade da previdência social.

Admissão de Empregado

No Direito Previdenciário, na ausência de norma específica, com alguma dificuldade admite-se que um autônomo possa ser equivalente a uma empresa, sem prejuízo de sua condição de autônomo (PCSS, art. 15, parágrafo único).

Um médico ou um dentista que mantenha um atendente em seu consultório, não perderia sua classificação previdenciária de autônomo.

Rigorosamente, no que diz respeito ao Direito Comercial, ele poderia se confundir com o titular de firma individual e poderá sê-lo caso passe a ter mais de um empregado.

Não há essa pretendida quantificação na norma, e realmente se assim for considerado, continuará sendo um contribuinte individual, com a diferença que se, por seu turno, se contratar um autônomo agirá fiscalmente como empresa.

15

Titular de Firma Individual

Firma individual é um empreendimento econômico com estabelecimento geralmente de pequeno porte, de propriedade de uma pessoa física. A razão social desse esforço pessoal mercantil adota o nome do proprietário.

O titular é o único responsável, segundo o Direito Comercial e quando prestador de serviços, age individualmente.

Na condição de pessoa jurídica, curiosamente, às vezes, chamada de "sociedade de um sócio só", exceto na atividade comercial, é frequentemente usualmente voltada à prestação de serviços, suscitando, *ipso facto*, obrigações exacionais securitárias.

Nela, de certa forma, confunde-se a pessoa física com a jurídica e a distinção, em cada caso, não é fácil. Em relação ao titular de firma individual, tido como um contribuinte individual, antes chamado previdenciariamente de empresário, subsiste a presunção jurídica de prestar serviços à empresa titulada.

Sua retribuição se chama de retirada *pro labore* ou honorários.

Diante do trabalho, presumida, por isso, é dispensável essa retirada *pro labore* na contabilidade, para configurá-lo como segurado obrigatório.

Facilmente confundível com o autônomo, a distinção só é possível operada na legislação tributária municipal ou estadual.

Daí a necessidade de se tentar encontrar uma solução para essa dificuldade de saber, quando da prestação de serviços para pessoa física ou jurídica, se é um autônomo ou uma empresa, porque se empresa for, caso do titular de firma individual, não tem as obrigações do autônomo propriamente dito.

Caracterizada como pessoa jurídica, se trabalhar para uma empresa contratante não existirá a retenção dos 11% nem o dever de recolher os 20% patronais.

Para isso, esse titular firma individual fiscalmente deverá apresentar os documentos próprios de uma empresa, entre os quais a nota fiscal de prestação de serviços.

Menor de Idade Previdenciária

Nos termos constitucionais e legais é consabido que a idade mínima para trabalhar e, por conseguinte, para ser segurado da previdência social, é de 16 anos (CF, art. 7º, XXXIII e art. 403 da CLT).

Já foi de 14 anos e, remotamente, de 12 anos.

Também é reconhecido que na zona rural e em atividades específicas subsiste a utilização de menores. Em muitos casos, crianças de 10 anos já tiveram admitido o direito à filiação ao regime urbano de previdência social.

Para o menor aprendiz é de 14 anos.

Esta questão, além do aspecto jurídico propriamente dito, e sociológico, envolve uma demonstração convincente dos fatos alegados, um ônus de quem alegar essa pretensão.

Agora, uma boa notícia para os interessados: pode-se computar no tempo de serviço das aposentadorias (idade ou tempo de contribuição) o tempo trabalhado por menores de 12 anos de idade, ainda que não se trate de atividade agrícola.

Com esse entendimento, a Turma Nacional de Uniformização dos Juizados Especiais Federais atendeu pedido de um segurado que queria incluir na contagem do benefício 36 meses em que trabalhou antes dos 12 anos.

Inicialmente, o INSS chegou a computar esse período de precocidade laboral, mas depois de uma auditoria administrativa promovida internamente resolveu excluir esse tempo. O aposentado cobrou o reconhecimento do trabalho enquanto ainda era menor de idade, uma criança, mas tanto o juízo de primeiro grau quanto a Turma Recursal de São Paulo recusaram esse argumento.

Note-se: o segurado trabalhou, restando uma realidade incontestável. A norma jurídica não o consideraria um obreiro, sendo que cabia à inspeção do Ministério do Trabalho e Emprego fiscalizar o empregador e, se fosse caso, vir a puni-lo.

Para o colegiado paulista, na época, permitia-se apenas o trabalho do menor a partir dos 12 anos, conforme o art. 165, X, da Constituição Federal de 1967, repetido na Emenda Constitucional 1/69.

Na Turma Nacional, o relator do processo, juiz federal Frederico Koehler, entendeu que é possível aplicar entendimentos pacificados na área rural, mesmo não sendo esse o caso do autor.

Conforme a Súmula TNU n. 5:

"a prestação de serviço rural por menor de 12 a 14 anos, até o advento da Lei 8.213, de 24 de julho de 1991, devidamente comprovada, pode ser reconhecida para fins previdenciários."

Frederico Koehler apontou ainda que o posicionamento está alinhado com a jurisprudência do Superior Tribunal de Justiça (Agravo Regimental no RESP n. 1.150.829). Na ocasião, aquela corte declarou que a proibição do trabalho infantil tem o objetivo de proteger o menor, mas não pode ser utilizada em prejuízo do aposentado.

O juiz determinou a devolução dos autos à turma paulista para ser aplicada a "tese jurídica segundo a qual é possível o cômputo do labor efetuado por indivíduo com menos de 12 anos de idade, ainda que não se trate de trabalho na agricultura".

Em qualquer trabalho que possa exaustivamente ser comprovado, uma vez que relação jurídica desse jaez não costuma deixar as provas habituais.

O acórdão ainda não foi publicado (Proc. n. 0002118-23.2006.4.03.6303).

Tempo de serviço do menor de 12 anos

A 1ª Turma do TRF da 1ª Região considerou impossível computar como tempo de serviço para aposentadoria o período em que um trabalhador rural tinha menos de 12 anos de idade. O entendimento do colegiado foi unânime ao dar provimento ao recurso do INSS contra sentença que o condenou a reconhecer e averbar o tempo de serviço rural do autor da ação referente ao período de 1969 a 1974.

O rurícola alegou ter trabalhado em fazendas, realizando todo tipo de serviço braçal e, ainda com 12 anos de idade, ter operado sozinho na preparação, plantio e colheita de feijão e milho. Para comprovar sua atividade, o autor apresentou a certidão de casamento de seus pais, realizado em 25.10.1958, e a declaração de rendimento de seu genitor, ano base 1972, documentos nos quais seus pai está classificado como lavrador.

O INSS, no entanto, sustentou não ser possível a averbação do tempo de serviço rural pela falta de prova material bem como pelo fato de o trabalhador possuir apenas sete anos de idade no início do período. Como alternativa, requereu que fosse declarada a necessidade de indenização das contribuições previdenciárias correspondentes ao período de trabalho rural para fins de contagem recíproca.

A Lei n. 8.213/91, que dispõe sobre os planos de benefícios da Previdência Social, admite o reconhecimento do tempo de serviço em atividades rurais, mesmo sem contribuições relativamente ao período anterior à sua vigência, exceto para fins de carência. Estabelece a legislação, no entanto, que a comprovação de tempo de serviço só produzirá efeito quando baseada em prova material, não sendo admitida prova exclusivamente testemunhal, salvo por motivo de força maior ou caso fortuito.

O desembargador federal Ney Bello, relator do processo, destacou que da Constituição Federal constam inúmeras disposições de proteção ao menor, entre elas a vedação do trabalho de menores de 14 anos. Por outro lado, lembrou que o tempo de serviço para fins de concessão de aposentadoria é disciplinado pela lei vigente à época em que efetivamente foi prestado o serviço. "Desta forma, caso o requerente tenha efetivamente provado que laborou em atividade rural, em regime de economia familiar, não pode o INSS valer-se da Constituição Federal em detrimento dos direitos do Autor, pois a proibição do trabalho ao menor foi estabelecida em seu benefício, não em seu prejuízo".

No entanto, o relator explicou que, nesse caso, tendo o autor nascido em 14.2.1962, é impossível reconhecer a contagem de tempo entre 1969 e 1974, quando completou 12 anos: "eis que era apenas uma criança e não produziu prova de efetivo trabalho nesta idade, cuja presunção milita em desfavor de sua afirmação". Assim, o magistrado deu provimento à apelação do INSS (Proc. n. 0009792-07.2013.4.01.9199).

17
Presidiário Independente

A prisão de um trabalhador ou de uma pessoa que não trabalha altera o seu cenário jurídico civil, trabalhista e previdenciário, justificando considerações (*Direito Elementar dos Presos*. São Paulo: LTr, 2010).

Para se conhecer melhor os direitos do presidiário releva fixar com clareza quais são as diferentes designações atribuídas a um ser humano envolvida com um delito.

Assim, durante as averiguações a pessoa é suspeita de uma ilicitude. Em algum momento processual poderá efetivamente ser acusada pelo juiz e irá a julgamento.

No final do inquérito policial, ela é indiciada (ou não). Significa que seu nome foi levado ao Poder Judiciário penal para apreciação. Com a denúncia, o juiz acolhe o indiciamento e promove a acusação penal, submetendo o réu a posterior julgamento.

O vocábulo "preso" é muito genérico, fluído, errático e, no comum dos casos, tecnicamente a mal aplicado.

Presidiário define quem está recolhido ao cárcere num presídio. Não se pode chamar assim aquele que cumpre pena domiciliar.

O julgado e sentenciado não foi capaz de provar sua inocência. Pode ser apenado, que é aquele que está cumprindo pena. Quem se evadiu da prisão é chamado de evadido, um foragido a ser perseguido e recapturado.

A detenção e a reclusão são exteriorizações da condenação, constantes da sentença do tipo de pena a ser cumprida.

Iniciada a fase processual, o acusado é réu; somente depois do julgamento será chamado de julgado ou condenado, sendo que está última dicção deverá ser evitada.

Prisão é instituto jurídico, detenção é ação física. Claro, a toda prisão corresponde uma detenção, forçada ou não.

Retenção é ideia ampla e vulgar. De natureza instantânea e fugaz, geralmente é praticada fora do mundo da criminalidade.

Relação com o Estado

A relação jurídica estabelecida entre o preso e o Estado é atípica, própria de um cenário em que alguns direitos civis são legalmente restringidos.

Para tornar possível o cumprimento da pena, que é contraria a natureza humana, ao longo do tempo foi modelado um ordenamento jurídico que comete a autoridade competente o poder de limitar as ações do presidiário.

O fato de a pessoa viver recolhida à prisão ou com a liberdade restringida (nos casos de regime semiaberto ou prisão domiciliar), faz emergir um elo específico institucionalmente disciplinado na Lei de Execução Penal (LEP), *ex vi* da Lei n. 7.210/84.

Sentenciado, cumprindo pena privativa de liberdade ou aguardando o julgamento, o ser humano é mantido pelo Estado em todos os sentidos. Trata-se de uma forma de tutela semelhante a curatela, ou seja, assunção de enormes responsabilidades pessoais.

O preso fica as suas expensas, é cuidado pelo Estado em todas as suas necessidades básicas e, em muitos casos, acabará sendo alimentado melhor do que antes da prisão. Uma forma de custódia que não diminui muitas de suas responsabilidades.

O Estado responde pela sua dignidade cívica e moral, integridade física, alimentação, habitação, atendimento médico e, na medida do possível, por oferecer-lhe condições de estudar, trabalhar, praticar esportes, entreter-se etc.

E como se fosse um pai em relação ao filho menor de idade. Tem de cuidar dele, até porque o detento não tem como se defender. Faz parte dessa relação jurídica o dever de propiciar a possibilidade de a pessoa ser educada ou reeducada enquanto ali se mantiver.

Esse é um dever caro ao Estado, que não tem sido realizado a contento, por isso o estabelecimento penal deve tentar profissionalizar quem não domine um ofício, ocupação ou profissão.

Não importa a acusação que pesa sobre os seus ombros nem que tenha sido condenado pelo que fez, em todas as modalidades de prisão a que se submete uma pessoa, desde o flagrante delito ate aquela que corresponde ao cumprimento da pena — em todos esses casos, o Estado é obrigado a preservar a integridade física do presidiário.

Trabalho do reeducando

O preso tem o direito de trabalhar. Esta é uma pretensão constitucional. Eventualmente, na condição de presidiário, se as circunstâncias locais o permitem poderá continuar trabalhando para o mesmo empregado.

Um trabalho útil tem papel extraordinário durante o cumprimento da pena. Resgata personalidade diminuída pela prisão, ocupa o tempo do detido, impõe ordem na carceragem, cria a subordinação necessária, disciplina o comportamento das pessoas, ensina uma profissão, oferece algum recurso financeiro, faz emergir a dignidade humana quase perdia, recupera o indivíduo e prepara a volta à coletividade.

O art. 39 do vetusto Código Penal diz que:

> "O trabalho do preso será sempre remunerado, sendo-lhe garantidos os benefícios da Previdência Social."

Incapaz para o trabalho penitenciário, o presidiário fará jus ao auxílio-doença. A inaptidão para o trabalho poderá sobrevir no ambiente prisional ou nas empresas (trabalho externo). Contribuindo como facultativo, ainda que não esteja trabalhando, esse segurado poderá requer o benefício se estiver incapaz para um trabalho (que não exerce).

Observada a LEP, nada obsta que um autônomo trabalhe enquanto preso. Um exemplo clássico é do advogado que cumpre pena de prisão, que ali ele poderá emitir pareceres.

18

Perito Especializado

Na realidade, e também no mundo jurídico, subsiste um tipo de autônomo específico: é o técnico com conhecimentos profundos em alguma atividade. Um profissional especializado em alguma área quando convocado para desfazer uma dúvida realou formalizada num processo administrativo ou judicial.

Normalmente, sua manifestação opera-se por escrito, mediante um documento designado como laudo técnico ou nota técnica. Ele presta serviços para a iniciativa privada e para o serviço público, máxime quando convocado pelo Poder Judiciário.

São inúmeras as possibilidades: médico perito, perito forense, perito contábil e perito em razão da profissão (advogado, engenheiro etc.).

Médico perito

O médico perito presta serviços para a Administração Pública no quadro de pessoal como servidor ou contratato na condução de autônomo.

Exemplificativamente, para fins de avaliação e desdobramentos no direito as prestações, a perícia médica dos segurados pretendentes de benefícios por incapacidades o INSS admite os dois tipos (Lei n. 13.183/15).

Os órgãos públicos verificam a capacidade para o trabalho dos seus servidores mediante médicos peritos.

Perito forense

Perito forense é um profissional de confiança do juiz, convocado para se manifestar sobre dúvida fática em processo.

Sua relação com o Poder Legislação é de um contrato civil sujeito a retenção dos 11%.

Se a questão em apreço se referir a problemas de contabilidade, é solicitada a ajuda técnica do perito contábil ou de um engenheiro quando de problema dessa especialização.

Autônomo Contratante de Autônomo

Possivelmente, devido ao pequeno número de casos e de distonias mínimas entre as partes, quase não se vê manifestações doutrinárias sobre as obrigações do autônomo que contrata outro autônomo para lhe prestar serviços.

Para solucionar a questão, deve-se partir da ideia que esses dois profissionais envolvidos sejam autônomos e relembrar que quando um autônomo presta serviços para uma pessoa física (que não seja um autônomo) inexiste incidência de contribuição por parte desse autônomo.

Ele segue recolhendo os seus 20% normais incidentes sobre os honorários recebidos desses clientes. Mas, diferente é a situação do contratante.

Por exemplo, não sendo uma pessoa jurídica, quando um cliente paga os honorários de um advogado, engenheiro ou médico isso não interessa ao fisco previdenciário, tão somente em relação ao Imposto de Renda.

Como antecipado, aquele profissional autônomo apenas se sujeita à contribuição individual habitual de aportar 20% dos seus honorários.

Porém, no que diz respeito ao contratante, a esse respeito dizia o art. 3º do vetusto Decreto-lei n. 959/69:

> "Equipara-se à emprêsa, para fins de previdência social, o trabalhador autônomo que remunerar serviços a êle prestados por outro trabalhador autônomo, bem como a cooperativa de trabalho e a sociedade civil, de direito ou de fato, prestadora de serviços."

Logo, cai-se na situação padrão anteriormente examinada, do dever de reter 11% e recolher os 20% patronais.

Tomando como fonte formal uma norma legal mais atualizada, diz o § 3º do art. 4º da Lei n. 10.666/03:

> "O disposto neste artigo não se aplica ao contribuinte individual, quando contratado por outro contribuinte individual equiparado a empresa ou por produtor rural pessoa física ou por missão diplomática e repartição consular de carreira estrangeiras, e nem ao brasileiro civil que trabalha no exterior para organismo oficial internacional do qual o Brasil é membro efetivo."

20
Simultaneamente Empregado

Em razão da preponderância, unicidade e singularidade da subordinação funcional, que é eminentemente individual e se reveste de características próprias, bastante acentuadas e necessárias à produção econômica, não é fácil presenciar-se, na mesma empresa, ao mesmo tempo, dois contratos entre uma pessoa física e uma pessoa jurídica; ou seja, por exemplo, particularmente ser autônomo e empregado.

Sem embargo, respeitadas certas condições, ainda que remota a hipótese, não é impossível.

Umas das condições seria a compatibilidade de horário. Devido ao princípio lógico da ubiquidade, a ninguém é dado estar em dois lugares ou exercer duas funções simultaneamente. Existem professores que lecionam como empregados na parte da manhã, são autônomos à tarde e servidores públicos à noite.

Uma possibilidade admissível é de ocorrer a atividade em distinto estabelecimento do mesmo empreendimento.

Poderá ocorrer nas empresas do mesmo grupo e evidentemente em duas empresas diferentes, o que não é incomum. Médicos costumam ser empresários, empregados e autônomos em estabelecimentos de saúde. E até mesmo cooperados e domésticos.

Para o desembargador Daniel Vianna Junior, 2ª Turma do TRT da 18ª Região, nada obsta que a empresa celebre uma relação de trabalho de natureza civil com um empregado e se esses fato não representar uma fraude, ele se mantém, em relação a segunda contratação, como autônomo (In: *Supl. de Jurisp.* LTr, n. 21/016, p. 163).

Importa saber como fica a contribuição desse autônomo que é empregado.

Salário superior ao teto

Se a remuneração recebida na empresa em que é empregado for superior ao teto da previdência social, pessoalmente ele esta desobrigado de contribuir como autônomo.

Note-se, todavia que a empresa que o contratar como autônomo, dispensada de reter os 11%, tem de recolher os 20% patronais dos honorários convencionados e pagos.

Salário inferior ao teto

Se a remuneração for inferir ao teto, ele sofrerá retenção própria da condição de empregado, restando uma diferença que se sujeitará a contribuição como autônomo.

Exemplo prático.
Teto da previdência social .... R$ 5.531,31
Salário como empregado .... R$ 3.000,00
Honorários pagos .... R$ 2.000,00
Retenção de 11% do autônomo .... R$ 220,00
Aporte patronal da contratante..... R$ 400,00

Atividade no Exterior

Um caso particular agora examinado é do segurado brasileiro ou estrangeiro aqui contratado para prestar serviços no exterior como autônomo.

Não existem muitas normas trabalhistas ou previdenciárias específicas sobre esse assunto, cabendo, portanto, alguma interpretação.

Algo próximo do assunto, no seu art. 11, I, *"e"*, o PBPS elenca pessoas que operam no exterior, admitidas como filiadas obrigatoriamente ao Regime Geral:

"o brasileiro civil que trabalha no exterior para organismo oficial internacional do qual o Brasil é membro efetivo, ainda que lá domiciliado e contratado, salvo quando coberto por sistema de previdência social do país do domicílio."

No caso de serem filiados ao regime local, não são filiadas ao RGPS e perdem interesse neste momento.

Em matéria laboral, dita a Súmula TST n. 207:

"A relação jurídica trabalhista é regida pelas leis vigentes no País da prestação de serviços e não por aquelas do local da contratação."

A Lei n. 7.064/82 manda aplicar a lei brasileira ao trabalhador, aqui contratado, para prestar serviços no exterior quando for mais favorável que a local, dessa forma complementando as disposições legais do ambiente de trabalho.

Então, pode-se concluir que na hipótese de o autônomo contratado no Brasil para prestar serviços para uma empresa aqui sediada aplicam-se as regras que vimos desenvolvendo.

Será remunerado, sofrerá retenção dos 11% e a contratante contribuirá com 20% do valor dos honorários.

22

Trabalhador Rural

Explicitamente existiria um trabalhador autônomo rural na legislação trabalhista ou previdenciária? O PCSS e o PBPS preocuparam-se mais em definir o autônomo urbano.

Possivelmente não, mas subsiste no mundo real da produção rurícola e deve ser deslindado.

O autônomo rural, muito semelhante ao urbano, é distinguido por prestar profissionalmente serviços na agricultura e na pecuária. Ou seja, em pleno domínio rural, que é o relevante e não o local de trabalho. Existem serviços rurais dentro das metrópoles.

Seria, por assim dizer, apenas uma variante do autônomo urbano.

Um boiadeiro ou transportador de gado em caminhões, que detenha a posse do seu instrumento de trabalho, é um exemplo de autônomo rural. Serve também um berrante.

Da mesma forma, o técnico agrícola ou sexador de pintos de um dia e até o veterinário.

Em seu art. 20, XXI, a IN INSS n. 77/15 descreve a seguinte figura de obreiro:

> "Quem presta serviço de natureza urbana ou rural, em caráter eventual a uma ou mais empresas, fazendas, sítios, chácaras ou a um contribuinte individual, em um mesmo período ou em períodos diferentes, sem relação de emprego."

Levando em conta o conceito legal de eventual, crê-se que esteja falando deste último trabalhador, confundindo-o com o autônomo rural.

Em 18.12.2008, o TRT da 3ª Região considerou um machadeiro que prestou serviços de sorte de árvores, utilizando seu instrumental sem cumprimento de horário ou submissão e, enfim, por conta própria, numa verdadeira empreitada, não foi empregado da fazenda Processo RO n. 2491208-00100-2008-071-03-02.

Administração Pública

Por vezes, e até com alguma frequência, em virtude de situações particulares, específicas ou circunstanciais, autorizada constitucional ou legalmente, a Administração Pública tem necessidade de contratar autônomos. Especialmente, profissionais liberais.

Esses admitidos não seriam celetistas, estatutários ou comissionados.

Neste caso, o serviço público funcionará como contratante e o autônomo como contratado, ambos assumindo deveres civis formais e materiais e previdenciários.

Algumas Prefeituras Municipais e Câmaras de Vereadores de pequeno porte, no que diz respeito ao trabalho jurídico, vem-se a volta com a necessidade de ouvir um renomado consultor.

São admitidos pareceristas, com ou sem pesquisa de preços ou não.

No caso particular do advogado, em razão do seu trabalho, pode-se estipular a dispensa da consulta. A esse respeito, consulte-se o que diz o art. 26 da Lei n. 8.666/93:

"As dispensas previstas nos §§ 2º e 4º do art. 17 e no inciso III e seguintes do art. 24, as situações de inexigibilidade referidas no art. 25, necessariamente justificadas, e o retardamento previsto no final do parágrafo único do art. 8º desta Lei deverão ser comunicados, dentro de 3 (três) dias, à autoridade superior, para ratificação e publicação na imprensa oficial, no prazo de 5 (cinco) dias, como condição para a eficácia dos atos (Redação da Lei n. 11.107/05).

Parágrafo único. O processo de dispensa, de inexigibilidade ou de retardamento, previsto neste artigo, será instruído, no que couber, com os seguintes elementos:

I – caracterização da situação emergencial ou calamitosa que justifique a dispensa, quando for o caso;

II – razão da escolha do fornecedor ou executante;

III – justificativa do preço.

IV – documento de aprovação dos projetos de pesquisa aos quais os bens serão alocados" (Incluído pela Lei n. 9.648/98).

A Secretaria de Logística e Tecnologia da Informação do Ministério do Planejamento, Orçamento e Gestão — SLTI/MP publicou a IN n. 5/14, que dispôs sobre os procedimentos administrativos para a realização de uma pesquisa de mercado para aquisição de bens e contratação de serviços em geral.

O primeiro parâmetro para definir preços nos certames é o Comprasnet, portal de compras gerenciado pela SLTI.

Só poderá ser utilizado o parâmetro subsequente ao primeiro definido caso haja justificativa para tanto.

Ela traz a informação de que outros portais e sítios eletrônicos especializados ou de domínio amplo poderão ser utilizados caso não haja parâmetros no Comprasnet ou desde que haja justificativa pela escolha de outra fonte de pesquisa.

Somente na ausência de obtenção de balizamento de preços nessas fontes é que o gestor público pode recorrer a contratos firmados no âmbito dos órgãos e entidades públicos, parâmetro já definido na Lei n. 8.666/93.

A estimativa de preços realizada pela Administração tem o condão de verificar quais parâmetros de preços estão sendo cobrados pelo mercado no âmbito público e/ou privado, de forma a cumprir as exigências do art. 26 da Lei n. 8.666/93.

O parâmetro mais utilizado ainda é o da pesquisa de preços ouvindo pelo menos três fornecedores.

A administração tem o dever fiscal de reter 11% desse trabalhador e de recolher os 20% da parte patronal como qualquer empresa.

Consulte-se o que reza o art. 26:

"As dispensas previstas nos §§ 2º e 4º do art. 17 e no inciso III e seguintes do art. 24, as situações de inexibilidade referidas no art. 25, necessariamente justificadas, e o retardamento previsto no final do parágrafo único do art. 8º desta Lei deverão ser comunicados, dentro de 3 (três) dias, à autoridade superior, para ratificação e publicação na imprensa oficial, no prazo de 5 (cinco) dias, como condição para a eficácia dos atos (Redação dada pela Lei n. 11.107/05).

Parágrafo único. O processo de dispensa, de inexibilidade ou de retardamento, previsto neste artigo, será instruído, no que couber, com os seguintes elementos:

I – caracterização da situação emergencial ou calamitosa que justifique a dispensa, quando for o caso;

II – razão da escolha do fornecedor ou executante;

III – justificativa do preço.

IV – documento de aprovação dos projetos de pesquisa aos quais os bens serão alocados." (Incluído pela Lei n. 9.648, de 1998).

Sobre esse tema, diz o art. 37, IX, da Constituição Federal:

"a lei estabelecerá os casos de contratação por tempo determinado para atender a necessidade temporária de excepcional interesse público."

Regulamentando esse dispositivo e sendo alterada sucessivas vezes, a Lei n. 8.742/93, sem definir com precisão a natureza do vínculo laboral, mencionou muitas atividades de que justificam essa contratação excepcional (art. 2º, I/XI).

Contratados por prazo determinado, possivelmente na condição de celetistas, em nenhum momento definiu o regime jurídico desses contratados.

O art. 11, I, da IN RFB n. 3/05, diz:

"Considera-se para fins de contribuição obrigatória ao RGPS:

I – *trabalhador autônomo*, o servidor contratado pela União, incluídas suas autarquias e fundações de direito público, por tempo determinado, para atender a necessidade temporária de excepcional interesse público, nos termos do inciso IX do art. 37 da Constituição Federal, até 9 de dezembro de 1993." (grifos nossos)

Não ignorando a real essência da relação laboral desses servidores públicos, possivelmente empregados regidos pela CLT, corajosamente decidiu que foram autônomos.

24

Contribuinte Cooperado

Do ponto de vista previdenciário, principalmente em relação aos empregados ocupados na atividade-meio de sua administração, as cooperativas são empresas.

Problemas vernaculares

Qualquer estudo do cooperativismo, enquanto polo de relações e, particularmente, na análise dos ônus fiscais inerentes, padece com óbices sernânticos.

A legislação e a doutrina utilizam-se de expressões indevidas, muitas delas consagradas, sem a garantia de estar descrevendo precisamente o enfocado. Assim, para dar exemplo, *stricto sensu,* rigorosamente, ato de comércio refere-se à venda de produto comprado por comerciante — de industrial ou de atacadista.

Mas essa locução também é empregada em relação a operações mercantis finais do produtor de matéria-prima mineral ou agropecuária (em que inexistente, sob rigor gramatical, comercialização) ou do fabricante.

Com alguma frequência, o vocábulo "cooperado" é substituído por "associado" (cooperativa é espécie associativa, mas a analogia deve cessar aí; a natureza do vínculo difere da jacente na segunda concepção). Por vezes, com certo exagero, o filiado é chamado de sócio, título reservado apenas ao componente de sociedade limitada, de trabalho ou de indústria, ou civil, e não para a sociedade anônima ou cooperativa. Válida, se membro integrante de associação.

Equívoco substancial diz respeito à alusão ao lucro, objetivo próprio do produtor de matéria-prima, do industrial ou agroindustrial, do comerciante ou prestador de serviço, exercentes de atividades mercantilizadas, mas não da cooperativa em si.

Ela não foi concebida para encetá-lo (exceto, claro, quando foro caso, o do cooperado), da mesma forma como não tem lucro o consignatário, até aperfeiçoar a venda, e não o aufere o mandatário, mero intermediário no negócio jurídico.

Ato cooperado

A natureza íntima, econômica e jurídica da relação subsistente entre cooperado e cooperativa — sempre lembrando a multiplicidade de fins — vem sendo investigada há algum tempo. Será preciso perquirir profundamente a essência difusa desse esforço empresarial, sob pena de generalidade, e, após, alcançar em cada hipótese.

Abstraindo a formalidade essencial do ato constitutivo, caracterizar a realidade da relação pelos modos praticados pelo participante e pela entidade talvez seja o melhor caminho, de cooperação, se coincidente com os da definição legal, e compreensão doutrinária.

O ato cooperado é o presente na sociedade cooperativa quando esta exerce as funções para as quais tenha originariamente sido criada (e não se haja modificado institucionalmente).

Ou seja, o papel de coordenação, consignação, intermediação ou representação, reunindo significativa conjugação de esforços pessoais sem fito lucrativo. Mas o ato cooperativo também, *per se*, define essa sociedade e o rendimento do cooperado.

Sua decantação fenomenológica reclama a presença dos elementos definidores da instituição, podendo estes serem facilmente mascarados.

Cooperativa é união de pessoas e não de capitais. Possui personalidade jurídica distinta da física e da jurídica dos componentes. A sistematização de seus esforços é a razão de sua existência material e formal. Trata-se de elo igual entre as partes e o todo.

O cooperado não é empregado nem sócio da cooperativa. A rigor, semanticamente, nem sequer associado, pois ela não se confunde com simples associação. A designação da relação jurídica própria é "cooperado" e "sociedade cooperativa".

De modo geral, a Lei n. 5.764/71 tem sua própria definição:

> "os praticados entre as cooperativas e seus associados, entre estes e aquelas e pelas cooperativas entre si quando associados, para a consecução dos objetivos sociais. *Parágrafo único*. O ato cooperativo não implica operação de mercado, nem contrato de compra e venda de produto ou mercadoria." (art. 79)

Não é a melhor definição, pois sujeita os objetivos sociais e estes podem ser quaisquer, dependendo da convenção. Seria preferível condicionada a sua função associativa de empenhos dos economicamente fracos, a intermediação operada e a inexistência de escopo lucrativo. Além de clara impropriedade ("não implica operação de mercado"), tem o mesmo defeito do conceito de empregado do art. 32 da CLT.

Formas operantes

Na cooperativa de trabalho, nesta conjugação coletiva, claramente liderada por alguns, o ato cooperado consiste em o trabalhador, economicamente hipossuficiente, juridicamente prestar serviços à congregação e materialmente à certa pessoa física ou jurídica, remunerado pela primeira conforme o volume da produção (uma retribuição de trabalho e não da quota-parte).

Quando legítima a relação, o adquirente dos serviços vincula-se à cooperativa pela modalidade civil de cessão de mão de obra (pagamento mediante apresentação de nota fiscal, em que incluída fração da retribuição e a das despesas operacionais da organização) ou de seguro em grupo (caso das cooperativas médicas).

Objetivo e função

A cooperativa não tem finalidade lucrativa, ela intermedia ações públicas do cooperado, agindo em seu nome. Sua finalidade precípua é a coesão de forças. Mas também sistematiza e padroniza a produção, quando os seus membros, *per se*, não podem fazê-lo.

Juridicamente, não adquirindo os bens fornecidos pelos associados para transferi-los, isto é, não sendo precipuamente empresa comercial, sua motivação econômica é intermediar entre a produção de serviços *e* o adquirente ou usuário.

Obrigações patronais

Como empresa, não obstante ser unidade não mercantil — por vezes, acumulando este último cunho —, as cooperativas assumem obrigações fiscais.

As obrigações securitárias das cooperativas continuam suscitando dúvidas fiscais. Especialmente, as de trabalho. Somente em *lato sensu* elas são tidas como empresas. Usualmente são intermediárias que, exceto em sua gestão, não tem empregados; quem lhes fornece serviços são os cooperados, aqueles que a substanciam. Cooperativas podem objetivar algum resultado pecuniário, mas institucionalmente isso não é lucro.

Suas relações com fisco tem sido tempestuosas há tempos.

Com efeito, diz o art. 22 do atual PCSS:

> "A contribuição a cargo da empresa, destinada a Seguridade Social, além do disposto no art. 23, é de (...) quinze por cento sobre o valor bruto da nota fiscal ou fatura de prestação de serviços, relativamente a serviços que lhe são prestados por cooperados por intermédio de cooperativas de trabalho." (inciso IV)

As cooperativas de produção são aquelas: "Que seus associados contribuem com serviços laborativos ou profissionais para produção em comum de bens, quando a cooperativa detenha por qualquer forma os meios de produção".

Vale ressaltar que a decisão não incluiu a contribuição financiadora da aposentadoria especial dos cooperados, criada pelo art. 1º da Lei n. 10.666/03, trabalhadores que se submetem a agentes nocivos físicos, químicos e biológicos.

Dia 23.4.2014, no julgamento do RE n. 595.838, o plenário do STF declarou a inconstitucionalidade do inciso IV do art. 22 do PCSS, relativo à contribuição de 15% estabelecido na Lei n. 9.876/99. A lei teria extrapolado "as regras constitucionais referentes ao financiamento da Seguridade Social".

Segundo o Ministro José Antonio Dias Tóffoli: "o legislador transferiu a sujeição passiva de tributação cooperativa para as empresas tomadores de serviço, desconsiderando a personalidade da cooperativa".

Pena que a decisão do STF não tenha modulado tratando a respeito das contribuições indevidas, cujo prazo para restituição deve ser contado desde a divulgação do acórdão.

Tratando do enquadramento do cooperador, diz o art. 6º, XVI, da IN SRB n. 3/05 que é contribuinte individual:

> "o trabalhador associado à cooperativa de trabalho, que, nesta condição, presta serviços a empresas ou a pessoas físicas, mediante remuneração ajustada ao trabalho executado."

Filiação do Colportor

Até o advento da Lei n. 6.696/79, de modo geral, o religioso ou o eclesiástico — como preferimos designá-lo, já que o primeiro, na Igreja Católica é espécie não clerical — era facultativo (LOPS, art. 161).

A partir de então, passou a ser segurado obrigatório.

Conceituar esse eclesiástico particularmente fora do catolicismo, não é tarefa fácil, mesmo após a referida Lei n. 6.696/79.

O legislador não fornece critérios legais, devendo o pesquisador, em primeiro lugar, buscar a definição de religião, seita, ordem, congregação, missão, movimento etc., para depois situar o seu membro.

Raimundo Luiz de Araujo Filho esforçou-se e ao final concluiu que o espiritismo não seria religião (Parecer PGC n. 159/72 – Proc. MTPS n. 2.214.671/70, *in* BS/DS n. 241/72).

Também já tentamos (Eclesiástico: os mais recentes segurados obrigatórios. In: *Revista LTr*, n. 44/555).

Respeitável nesse sentido foi a contribuição dada pela Portaria MPAS n. 1.984/80 (item 2, I/VIII).

Mas, continua difícil.

No passado, o DNPS enfrentou as mesmas dificuldades e baixou diversas resoluções cuidando de ministros, pastores, mentores e obreiros de uma forma ou de outra, vinculados a religiões, igrejas ou missões.

Uma delas cuidou do colportor, colportor evangelista ou Evangelista da Página Impressa, como é conhecido este misto de obreiro e religioso protestante. Acolhido como eclesiástico foi admitido, em consequência, como segurado facultativo (Resolução CD/DNPS n. 224/71).

Na ocasião, estabeleceu-se distinção: o salário-base do colportor missionário da Confederação das Uniões Brasileiras da Igreja Adventista do Sétimo Dia era de 1, 1,5 e até 2 salários mínimos (Resolução CD/DNPS n. 410/70).

A Lei n. 6.696/79 que tornou o eclesiástico segurado obrigatório alterou completamente a situação. Em vez de simplesmente criar uma nova categoria e chamá-la de religioso ou de eclesiástico e — isso tanto faria em face dos objetivos a concretizar — essa lei o equiparou ao autônomo.

Note-se: equiparou-o. Não o enquadrou como autônomo; não podia fazê-lo sob a pena de conflitar com o desenho fático legal desse trabalhador (CLPS, art. 4º, IV).

A preocupação do legislador em equipará-lo ao autônomo ou, se mais evidente quando ele próprio refere-se aos membros de instituto de vida consagrada e de congregação ou ordem religiosa (e não aos ministros de confissão religiosa) impôs-se condição de serem mantidos pelas entidades religiosas.

Aroldo Moreira, escrevendo em 1972, observou que não se poderia "considerá-los como segurados obrigatórios, pois isso implicaria em atribuir as entidades religiosas a obrigação de contribuir como empregadores, com relação aos ministros sujeitos a votos religiosos" e aduziu que entre eles e "aquelas entidades não se configura nenhum tipo de relação empregatícia" (Parecer AJS/SPS n. 339/72 – Proc. MTPS n. 109.363/71, in *BS/DS*, n. 20/73).

Repetimos: em relação aos membros referidos, impôs a condição de serem mantidos pelas entidades religiosas.

O colportor não se enquadra exatamente nessa situação. Vendendo publicações editadas por sua igreja, obtém os meios de subsistência por conta e risco próprios. Ao fazê-lo com habitualidade e alguma profissionalidade se aproxima mais da definição de autônomo do que de eclesiástico.

Quer dizer, o colportor não é um equiparado a autônomo; é um autônomo.

Esse é o presente entendimento do INSS.

Não fosse a Resolução do DNPS e ele teria de contribuir desde 1960.

Retirando-lhe a Lei n. 6.696/79 a condição de eclesiástico e impondo-lhe a de ser mantido pelas entidades religiosas, a administração previdenciária entendeu que nessa mesma época (9.10.1979) ele passou a segurado obrigatório.

Restando o direito adquirido, acolhe as filiações facultativas pretéritas, desde que na condição de autônomo.

Tal determinação não se aplica ao colportor estudante, o qual, entretanto, poderá filiar-se facultativamente.

Qual a diferença entre autônomo e equiparado a autônomo?

Autônomo é um trabalhador que habitualmente e por conta própria exerce atividade profissional remunerada. O equiparado a autônomo, não é autônomo. Só é assim considerado em decorrência da lei.

O eclesiástico equiparado a autônomo observava a escala de salário-base (CLPS, art. 140), mas não a restrição de ter a carência contada a partir da data do início da contribuição (CLPS, art. 24, § 1º).

Não sendo remunerado como profissional, não era reembolsado nem a Igreja precisava contribuir em relação ao excedente do salário-base, no caso de receber algum pagamento.

O mesmo não se dá com o colportor. Ele é um autônomo. Sofre as restrições da carência, era reembolsável em 10% de até o seu salário-base e ficava a Igreja responsável por 10% do seu pagamento que ultrapassasse o salário-base.

Transmutação em Empregado

É da natureza humana e do ambiente de trabalho que, a proximidade física de colegas de labor, circunstâncias operacionais e outros elementos da relação poderão no decurso do tempo transformar o autônomo faticamente para se tornar um empregado regido pela CLT.

No trabalho do dia a dia, esse obreiro é integrado num sistema produtivo que o cerca e de certa forma o submete. E não é exatamente a duração dessa permanência que comanda a metamorfose, e sim as circunstâncias da convivência laboral.

Na contramão desse juízo, em 7.4.2016, a Ministra Dora Maria da Costa, da 8ª Turma do TST, examinando reclamação trabalhista que desejava o vínculo empregatício, entendeu que mesmo, trabalhando por 25 anos numa empresa, um radialista não foi considerado empregado e era autônomo (in: *Supl. de Jurisp. LTr*, n. 20/16, p. 158).

No dia a dia, o autônomo fará amigos, colegas se conhecerão, novas relações humanas e profissionais serão inevitáveis.

Os motivos para isso são muitos e podem ser elencados.

Subordinação hierárquica

A principal característica do empregado é a subordinação funcional; sem embargo, com toda sua independência profissional, o autônomo não escapa de alguma dependência técnica necessária a produção.

Naturalmente, ele também é mandado, o que dificulta enormemente a tarefa da Justiça do Trabalho de considerá-lo quando de reclamação trabalhista, conforme se vê no Acórdão do RO n. 0000209-49-2016.5.13.0010, da TRT da 11ª Região, relatado pelo juiz José Dantas de Goes em 13.6.2017, in: *Supl. de Jurisp. LTr*, n. 32/17, p. 255.

A presença de um superior hierárquico é usualmente necessária, inequívoca e constante.

Normas de segurança

Tanto quanto qualquer trabalhador no ambiente de trabalho, o autônomo (e até um simples visitante) se vê obrigado a perfilhar as regras de segurança; até porque pode ser vítima de infortúnio.

Nesse caso, inicialmente, será socorrido pelo médico do trabalho ocupacional.

Participação no refeitório

Devidamente autorizado, ele se servirá do refeitório e em alguns casos, será autorizado a fazer compras na cooperativa da empresa.

Utilização de uniforme

Em muitas hipóteses terá que utilizar de uniforme identificador.

Participação na greve

Quando da greve dos empregados, ainda que dela não queira fazer parte, não poderá trabalhar.

Reunião de Treinamento

Certamente ser chamado para participar das reuniões de treinamento.

Festa de fim de ano

Usufruirá das festas de fim de ano.

Horário de trabalho

Somente poderá ingressar no estabelecimento conforme horário de funcionamento.

Estacionamento de veículos

Certamente terá autorização para estacionar o seu veículo.

Crachá de identificação

Usará um cartão de identificação, possivelmente igual ou semelhante a dos empregados.

Uso do vestiário

Frequentará o vestiário para troca de roupa.

Agentes nocivos

Em parte padecerá da presença de agentes nocivos físicos, químicos ou biológicos do meio ambiente e terá direito ao PPP.

Fundo de pensão

Institucionalmente e por tradição não é comum as entidades fechadas de previdência privada admitirem em seus regulamentos básicos a inscrição de um autônomo como participantes do plano de benefícios.

São infindáveis os modelos institucionais de relações de pessoas com vistas à produção de bens econômicos.

Daí presenciar-se uma enormidade de tipos de contratos urbanos e rurais, estabelecidos ao longo da história e particularmente nos tempos modernos.

É visível que algumas invenções atuais visam à diminuição dos encargos estatais, fiscais, salariais e individuais. Um exemplo clássico é o fenômeno da pejotização e da terceirização.

Algumas experiências frágeis são passageiras e desaparecem como modismo pontual; outras, entretanto, vêm para ficar.

Já foi afirmado aqui que um trabalhador pode ser autônomo, empregado, empresário, eventual, avulso, sócio, parceiro, estagiário, cooperado, temporário, terceirizado, voluntário etc.

O que importa agora é a alteração de um tipo desses trabalhadores em outro, sobrevindo direitos e deveres não suspeitados até então.

Muitíssimos indivíduos tidos como autônomos reclamam e obtém declaração judicial de serem empregados, sobrevindo ônus inesperados para o contratante de seus serviços.

Inesperados porque não se deram conta ou não quiseram enxergar que a relação inicial estava sofrendo mutação.

Essa possibilidade real foi admitida pela desembargadora Cristiana M. Valadares Fenelon, quando decidiu que a relação de um trabalhador poderia ser como prestador autônomo de serviços ou como empreitada (decisão de 1º.6.2016 da 7ª Turma do TRT da 2ª Região, in: *Supl. de Jurisp. LTr*, n. 34/16, p. 272).

27
Autônomo com Deficiência

Como qualquer outra, uma pessoa com a deficiência objeto da LC n. 142/13 poderá ser um autônomo.

Essa possibilidade não é cerne de discussão; interessa saber se faz jus a uma das duas prestações previstas na legislação quando preenche os requisitos legais, vez que a norma jurídica em apreço diz respeito a contribuintes filiados ao Regime Geral e não apenas aos empregados.

Conceito mínimo

O tema da deficiência é multidisciplinar; diz respeito a uma infinidade de situações particulares, tornando quase impossível a eleição de um padrão que desfrute de consenso doutrinário. Quase sempre prevalecerá a concepção tradicional que se tenha formulado jurisprudência na medicina. E sofrerá transmutações com o avanço das tecnologias de reabilitação.

Um conceito básico de deficiência vem sendo buscado há longo tempo. Comparece difusamente em normas positivadas, é objeto de infindáveis debates na doutrina nacional e internacional e preocupa os magistrados. Em cada caso tem de decidir e acabam fazendo com fulcro em parecerem médicos de perito judiciais de sua confiança. A simples distinção da inaptidão laboral é uma tormentosa questão.

Ab initio, as definições e os conceitos não são instrumentos suficientes para que, em todo o caso, tornem mais confortável a definição da perícia médica. Eles apenas ajudam e podem ser citadas, mas a conclusão, muitas vezes, será subjetiva.

Por último, convém recordar que se trata de uma questão técnica, situada no âmago da medicina do trabalho e não no campo jurídico.

Já sustentamos ser a inaptidão parcial ou total, permanente do ser humano de prover as necessidades habituais, pessoais ou sociais, em virtude de insuficiência de ordem fisiológica ou psicológica, congênita ou adquirida no curso de sua vida.

Portanto, uma incapacidade parcial, aquele que permite o trabalho ou total, caso obstaculize qualquer esforço.

Necessidades pessoais são todas aquelas que o ser humano enfrenta não necessariamente apenas as do trabalho e por isso incluindo as para viver, sobrevier e conviver, impedimentos sociais, como se transportar. À evidência, reportando-se genericamente aos trabalhadores.

A insuficiência fisiológica está diretamente relacionada com o organismo da pessoa, objeto da medicina e a psicológica, aquela estudada pela psicanálise e outras especializações que envolvam os distúrbios mentais e intelectuais.

Essa diminuição de capacidade poderá ser congênita, provindo dos genitores e adquirida em razão do acidente de qualquer natureza ou causa.

O art. 93 do PBPS apenas fala em pessoas portadoras de deficiência, não as definindo nem as conceituando e, por isso, seria imprestável.

Distinção da doença

A deficiência pode ser decorrente de uma doença e nesse sentido, não incapacitante.

A LC n. 142/13 apresenta dois tipos de aposentadorias ou se assim se preferir — como sucede com a aposentadoria por tempo de contribuição do professor — variação de dois benefícios já existentes a aposentadoria por tempo de contribuição e a aposentadoria por idade.

Ainda que ambas apresentem nuanças das prestações existentes, em razão em suas características são classificadas como prestações distintas, convindo que o INSS lhes atribua número distinto.

Tempo de contribuição

Os dois benefícios previstos pela LC n. 142/13 envolvem o tempo de serviço. No primeiro deles, é um dos elementos do evento determinante (tempo de contribuição), e no outro é definidor da carência e do percentual do salário de benefício.

Como exemplo do que sucede com os benefícios tradicionais, as duas prestações distinguem o homem da mulher e no caso da aposentadoria por idade, o rurícola do citadino.

São três hipóteses.

No referente dos homens:

a) deficiência leve — dois anos antes (33 anos).

b) deficiência moderada — seis anos antes (29 anos).

c) deficiência grave — dez anos antes (25 anos).

No respeitante às mulheres:

a) deficiência leve — dois anos antes (28 anos).

b) deficiência moderada — seis anos antes (24 anos).

c) deficiência grave — dez anos antes (20 anos).

Aposentadoria por idade

A aposentadoria espontânea experimenta quatro hipóteses:

Trabalhadores urbanos — benefício aos 60 anos

Trabalhadoras urbanas — benefício aos 55 anos

Trabalhadores rurais — benefício aos 55 anos

Trabalhadoras rurais — benefício aos 50 anos

A aposentadoria compulsória não tem registro na LC n. 142/13 como a aposentadoria compulsória do art. 51 do PBPS. Dessa forma, se entenderá que o legislador não quis fazer essa distinção e assim prevalecerá para todos os segurados.

Na LC n. 142/13, não há limite de idade para a aposentadoria proporcional (que no RGPS é de 53 anos para os homens e de 48 anos para as mulheres), porque não existe mais este benefício.

Teletrabalho em Domicílio

Com a informática e implantação da internet, o trabalho realizado em domicílio, afastado da sede patronal, desenvolveu-se extraordinariamente e vem sendo amplamente adotado pelas empresas, quando compatível com as suas atividades-meio e atividades-fim.

Autônomos prestam serviços em suas residências para pessoas jurídicas tomadoras dos serviços.

Tipicamente é atividade laboral produzida a distância. O trabalho em domicílio sempre existiu. A expressão "teletrabalho" justifica-se devido à informática, à facilidade de comunicação entre o trabalho operado na residência e o empregador.

Este tipo de vínculo não se confunde com o trabalho externo realizado por pessoas cuja atividade obriga a exercê-lo fora do estabelecimento nem com o caracterizado como regime de sobreaviso.

Teletrabalho deve ser entendido como espécie de labor distante da sede da empresa quando empregue os recursos da tecnologia de comunicação, ou seja, a internet.

Não existem fontes formais legais sobre o assunto, exceto a equiparação promovida pela Lei n. 12.551/11.

O teletrabalho propicia condições distintas daquele realizado no estabelecimento do empregador a ponto de se ter a figura do quase empregado: obreiro com alguma independência e subordinação.

Em razão da ausência do superior imediato, a subordinação funcional é esmaecida e geralmente fixada em delimitada em face do resultado do trabalho, satisfatório ou não.

Flexibiliza-se a relação laboral em face de ausência do monitoramento do empregador. Dificilmente se poderá caracterizar falta ao serviço, horário de trabalho, quadro de horário etc.

O ambiente laboral doméstico não se confunde com o do estabelecimento, praticamente desaparecendo a concorrência entre colegas e diminuindo a incidência do assédio moral. O fato de ser uma atividade virtual permite ao empregador acessar o trabalhador fora do horário de trabalho.

A concepção do afastamento do trabalho, uma exigência do auxílio-doença comum ou acidentário é imposta mesmo considerando-se a natureza do local de trabalho, geralmente a residência do segurado. A Data do Início do Benefício (DIB) será na Data do Início da Incapacidade (DII).

Esse tipo de serviço, comumente realizado com o computador, produzirá patologias compatíveis com o uso dessa tecnologia. Será assente que estando em casa, próximo de suas comodidades, não precisando se transportar, será menos afetado por certas incapacidades.

Exceto quando tiver se dirigir a sede da empresa ou no retorno para casa, praticamente não há a figura de acidente de trajeto.

A previdência social tem dificuldades em constatar o retorno ao trabalho dos empregados comuns, que serão maiores em face do serviço vir a ocorrer na residência do segurado.

Contribuições Relativas ao Segurado

A contribuição securitária deflagrada pela presença do trabalhador autônomo como prestador de serviços numa empresa tem como fato gerador a consumação dos objetivos do contrato laboral, ou seja, a prestação de serviços propriamente dita.

Habitualmente designa-se como honorários a retribuição do esforço físico ou intelectual desse profissional, mas conhece outras expressões não laborais conforme a natureza das tarefas executadas.

A despeito da ausência de disciplina legal do conceito, resta tentar definir o que compõe esses honorários ajustados, que podem ser e são frequentemente pagos em dinheiro e até *in natura*.

Normalmente o montante é um valor pecuniário em espécie, um *quantum* fixado entre as partes e sem natureza salarial, mas remuneratória, tomada esta última expressão num sentido lato de retribuição ou contrapartida pelos serviços prestados.

Em sendo estipulado um valor total sem discriminação e referente a um período, parece correto dividi-lo pelo número de meses desse período com vistas ao limite mensal do salário de contribuição.

No caso de o autônomo, além da mão de obra, oferecer materiais, o valor deste montante no documento não fará parte do *quantum* do salário de contribuição.

Em nosso "Novas Contribuições da Seguridade Social", decorrente do advento da LC n. 84/96, destacamos o fato de que não fica clara a decantação da hipótese de incidência, se é:

a) o direito (constituído por declaração),

b) o crédito (contabilizado por escrito) ou

c) o pagamento (efetuado em dinheiro, trocado por bem ou serviço) dos honorários.

Quer dizer, ausente desembolso, basta o crédito. Inexistente a quitação, o crédito será suficiente (*Novas Contribuições da Seguridade Social*. São Paulo: LTr, 1997. p. 99).

Por oportuno vale registrar que o montante constante do documento relativo ao fretista ou carreteiro, antes do cálculo da contribuição ser reduzido a 11,71% desse valor, que passou a ser de 20%.

Os aportes securitários do autônomo não são complexos. Pairam poucas dúvidas, por vezes, em relação ao conceito de honorários, o que ele incluiria ou o que deles é excluído. A matéria é bastante explicitada no PCSS e no RPS, bem como na IN RFB ns. 3/05 e 971/09.

Contribuição pessoal

Quando os clientes do autônomo são exclusivamente pessoas físicas, sua obrigação fiscal é tão somente de recolher 20% do seu salário de contribuição, ou seja, dos seus honorários até o teto da Previdência Social.

A contribuição obrigatória do autônomo pode ser complexa, principalmente em razão de haver um limite para o aporte exacional desse contribuinte individual.

Repete-se. A primeira regra básica é: qualquer que seja o número de vínculos com a RGPS somente contribuirá até teto da previdência social.

Uma segunda regra básica diz que a contribuição das empresas com ele envolvida não tem teto.

A última regra é que, legalmente, sendo também servidor estatutário, a regra do teto a ele não se aplica. Note-se que nessa hipótese, o contratante, um órgão público, se torna empresa para fins fiscais.

Vale recordar que na sociedade de advogados, os sócios deixam de ser autônomos e se tornam empresários, mas continuam sendo contribuintes individuais.

Prestação de serviços para pessoa jurídica

Algumas regras devem ser observadas em relação ao autônomo que trabalha para empresas, vez que ali ser descontado como se empregado fosse.

Valor bruto menor que o teto

a) Primeira retenção

Quando o valor dos honorários do autônomo é menor do que o teto do RGPS (R$ 5.531,31), a base de cálculo do contribuinte individual e da empresa é a mesma. Se alguém recebeu R$ 1.000,00 da empresa "A" (isento do IR), os cálculos serão:

Retenção: 11% x R$ 1.000,00 = R$ 110,00.

Parte patronal: 20% x R$ 1.000,00 = R$ 200,00.

Líquido a receber: R$ 1.000,00 – R$ 110,00 = R$ 890,00.

Crédito do INSS: R$ 110,00 + 200,00 = R$ 310,00.

b) Segunda retenção

O segurado recebe valor de R$ 5.000,00 da empresa "B".

Retenção: 11% x R$ 5.000,00 – 1.000,00 = R$ 4.000,00 ou R$ 440,00.

Parte patronal: 20% x R$ 5.000,00 = R$ 1.000,00.

Líquido a receber: R$ 5.000,00 - R$ 440,00 = R$ 4.560,00.

Crédito do INSS: R$ 110,00 + R$ 400,00 = R$ 1.000,00 = R$ 1.540,00.

Nestes casos, a retenção foi somada e a parte patronal tomou com base de cálculo o mesmo valor do autônomo: R$ 1,000,00 (empresa "A") e R$ 5.000,00 (empresa "B").

Valor bruto maior que o teto

Os cálculos são praticamente os mesmos, mas agora a parte patronal, se superior ao referido teto, não é a mesma que a do contribuinte individual. Ela não tem limite.

O segurado concordou com um valor bruto em R$ 5.000,00 na empresa "A".

a) Primeira retenção

Retenção: 11% x R$ 5.000,00 = R$ 550,00

Parte patronal: 20% x R$ 5.000,00 = R$ 1.000,00.

Líquido a receber: R$ 4.450,00.

Crédito do INSS: R$ 550,00 + R$ 1.000,00 = R$ 1.550,00.

b) Segunda retenção

Quando uma primeira retenção for máxima (R$ 5.531,31), não haverá uma segunda ou terceira retenções. Todos os cálculos são feitos com retenção igual a zero.

Comunicação à empresa retentora

Sabendo que poderá vir a prestar serviços para uma empresa B, quando da contratação com a empresa "A", o contribuinte individual deverá convencionar uma autorização para informar o fato a terceiros (empresas "B" ou "C").

No recibo iria informar o número do CNPJ e o valor retido e nada mais. Não havendo concordância, o correto é permitir a retenção indevida e posteriormente, dentro de cinco anos, requerer a restituição à RFB.

Nessa ocasião também esclarecerá à empresa "B" que eventuais retenções havidas no mês serão consideradas, mencionando-se apenas o CNPJ e o valor retido pelas empresas anteriores.

Nos dois casos, uma declaração assinada será o bastante para que a Auditor Fiscal da RFB saiba por que não houve retenção ou ela foi parcial.

Mudança de exercício

Atenção para as prestações de serviço ocorridas a partir de novembro; pode dar-se de o pagamento ocorrer somente no exercício posterior. Para a RFB, vale a data do pagamento e não o da realização dos serviços.

Mês de competência

De regra, na previdência social prevalece o mês de competência, aquele em que a prestação de serviço ocorreu e não a data do pagamento.

Data do pagamento

Com exceção da legislação do IR, a data do pagamento não é importante. Os cálculos das retenções e líquido a receber referem-se aos meses de competência.

Parte patronal

Importa salientar que a parte patronal é de 20% da remuneração bruta relativa à mão de obra e sem limite de valor. Note-se que ela não tem contrapartida nos benefícios do segurado. Entretanto, o valor mensal da retenção prestar-se-á como salário de contribuição para fins de benefícios.

Base mínima e máxima

a) Base mínima — Não há base mínima para a retenção. Qualquer valor implicará em retenção dos 11% e recolhimento dos 20% da parte patronal.

b) Base máxima — Para o contribuinte individual será R$ 5.531,31 e não há limite máximo para a empresa.

A retenção máxima, portanto, será de 11% x R$ 5.531,31 = R$ 608,44.

Autônomo simultaneamente empregado

Quando o contribuinte individual ao mesmo tempo é empregado, avulso ou doméstico, será preciso considerar a base de cálculo da contribuição dessa condição de segurado subordinado, neste caso não importando a alíquota (8%, 9% ou 11%).

Se um empregado ganha acima do teto, não haverá retenção e ele precisa declarar por escrito tal fato a empresa que o contratou como autônomo (e empresário).

Os raciocínios serão os mesmos como se o limite da previdência social fosse R$ 5.531,31 menos o valor da remuneração como empregado (avulso ou doméstico).

Autônomo também empregado com salário acima do teto

Se um autônomo simultaneamente empregado tem uma remuneração paga pelo empregador acima do teto da previdência social, contribuirá com 11% da remuneração trabalhista e não sofrerá retenção de 11% dos honorários (sob uma mera coincidência de alíquotas) de outra empresa em que presta serviços como autônomo.

Todavia, esta recolherá sobre o total dos honorários, vez que esse fato gerador não tem limites (Decreto-Lei n. 2.316/86).

Rigorosamente, não haveria problemas de ser autônomo e empregado da mesma empresa, especialmente operando em estabelecimentos distintos.

À evidência, está obrigado a informar as duas empresas a sua situação atípica.

Quando dessa dupla atividade, será preciso considerar que se a primeira atividade (como empregado) se realizou antes do segurado (como autônomo) para fins de se saber qual dos dois contribuintes ficará sujeito ou não a contribuição.

A lei nada dispõe sobre o assunto. Uma interpretação dirá que se o fato gerador primeiro realizou-se como empregado, não haverá retenção como autônomo; se foi o oposto, não haverá contribuição como empregado.

Autônomo também empregado que ganha abaixo do teto

No caso do autônomo que é empregado receber remuneração inferior ao teto, dependendo dos valores, sofrerá retenção da empresa em que presta serviços como autônomo, conforme o exemplo abaixo.

Teto da previdência: R$ 5.531,31

Remuneração: R$ 3.000,00

Honorários: R$ 5.000,00

Retenção da remuneração: R$ 330,00

Retenção dos honorários: R$ 2.000,00 x 11% = R$ 220,00.

Quotas patronais: R$ 3.000,00 + R$ 5.000,00 = R$ 8.000,00. E 20% de R$ 8.000,00 = R$ 1.600,00,

Crédito do INSS: R$ 1.600,00 + R$ 330,00 + R$ 220,00 = R$ 2.150,00.

Autônomo também empresário

Se um autônomo ao mesmo tempo é empresário, aplicam-se as regras anteriores, lembrando-se que se sujeita ao limite do salário de contribuição (teto da previdência).

No caso, observando-se que ele pode ser empresário (mais de uma vez) e que poderá prestar serviços para pessoas físicas e jurídicas.

Duas vezes autônomo

Nada impede um trabalhador seja autônomo duas vezes. Por exemplo, médico e advogado. Mas, a filiação e a inscrição no Regime Geral será única.

Quando da percepção de benefícios, INSS adotará o disposto no art. 32 do PBPS e adicionará as duas contribuições possivelmente a serem vertidas em único número de inscrição.

Neste caso, a sua contribuição dependerá dos honorários das duas atividades, que deverão ser somadas para fins de fixação da obrigação fiscal.

30

Retroação do Início da Contribuição

Em muitos casos, o autônomo tem necessidade de ver reconhecido um período de trabalho em que, na ocasião pretérita, não verteu contribuições mensais, agora pensando num benefício do Regime Geral.

Neste caso deverá fazer a prova ao INSS de que exerceu a atividade profissional que o filiou como autônomo.

Para tanto exporá a pretensão à Agência da Previdência Social (APS), juntando as provas da sua alegação.

Acolhidas as razões e as provas, a SRF calculará as contribuições devidas.

Uma vez comprovado o exercício da atividade remunerada, para fins de concessão de benefícios, referentes à competências anteriores a março de 1995, aportará as contribuições devidas.

É bom recordar que nessa circunstância não se aplica a Súmula Vinculante STF n. 8/08, que manda observar a decadência e a prescrição dos últimos cinco anos.

A base de cálculo do aporte fiscal será a média aritmética simples dos 80% maiores salários de contribuição, devidamente reajustados desde julho de 1994, corrigidos mês a mês pelos mesmos índices utilizados na definição do salário de benefício, observados os limites mínimo e máximo da previdência social.

A contribuição resultará da aplicação de 20% do valor desse salário de contribuição.

Devido à inadimplência, incidirão juros de mora de 0,5% ao mês, capitalizados anualmente, limitados ao percentual máximo de 50,0% e multa de dez por cento.

Comprovada a atividade a partir de abril de 1995, para fins será exigido do contribuinte individual, a qualquer tempo, o recolhimento das correspondentes contribuições,

Para pagamento de contribuições relativas às competências até março de 1995, em que a atividade não exigia filiação obrigatória ao RGPS, será a regra antes explicitada desde que a atividade tenha passado a ser de uma filiação obrigatória.

Nesse caso, o salário de contribuição corresponderá ao da última competência recolhida. A alíquota é de 20% acrescidos de juros e multa de mora.

Inadimplência do Contribuinte

Há muito tempo, o § 5º do art. 33 do PCSS diz:

"O desconto de contribuição e de consignação legalmente autorizadas sempre se presume feito oportuna e regularmente pela empresa a isso obrigada, não lhe sendo lícito alegar omissão para se eximir do recolhimento, ficando diretamente responsável pela importância que deixou de receber ou arrecadou e, desacordo com o disposto nesta Lei."

Note-se que não menciona o segurado empregado ou avulso (normalmente sujeitos a desconto), portanto, valendo para todos os demais trabalhadores, inclusive os domésticos e contribuintes individuais e, entre estes últimos, os autônomos e os empresários (dirigentes de empresas).

Em suma, esse preceito trata de uma presunção absoluta de que se a empresa não fez a retenção das contribuições devidas, como deveria, se fez, mas não operou os recolhimentos, para fins dos benefícios do segurado, entende-se que tudo isso realmente aconteceu.

Tal disposição visa defender os interesses dos trabalhadores. Se os seus direitos dependessem da adimplência ou regularidade das empresas, eles seriam muito prejudicados.

Usualmente, esse entendimento vinha sendo aplicado com mais ênfase apenas para os empregados regidos pela CLT (aliás, um entendimento sem qualquer fundamento lógico ou jurídico). Como se vê, a lei fala em empresa e não em empregador. Se usasse esta última expressão diria respeito apenas aos empregados, o que não aconteceu.

O período em que um contribuinte individual prestou serviço para uma empresa deve ser considerado como tempo de serviço, independentemente da comprovação do pagamento das cotizações previdenciárias correspondentes devidas pela empresa.

Esse foi o entendimento da Turma Regional de Uniformização dos Juizados Especiais Federais da 4ª Região, em sessão ordinária realizada em Porto Alegre.

O Incidente de Uniformização foi ajuizado por um segurado contra a decisão da 1ª Turma Recursal de Santa Catarina, que não reconheceu como tempo de contribuição o período em que a empresa contratante do autor da ação (um motorista autônomo) deixou de repassar os valores deduzidos deste para pagamento ao INSS.

O autor alegou que há divergência entre as turmas recursais e pediu a prevalência do entendimento da 1ª TR do Paraná, que reconheceu o tempo, isentando o trabalhador por inadimplência da empresa.

Para o relator do processo, o juiz federal José Antônio Savaris: "a circunstância relativa ao efetivo pagamento da contribuição previdenciária incidente sobre a prestação de serviços não pode ser posta em prejuízo desta modalidade de contribuinte individual".

Pena que a decisão não mencionou claramente que se tratava da contribuição de 11% descontada ou não dos honorários nem a parte patronal devida (20% do salário de contribuição e sem limite de valor).

Mais informações podem ser colhidas no IUJEF n. 5003402-24.2012.404.7214/TRF.

Ausente a presunção da retenção e do recolhimento que beneficia o empregado, o período de carência segue regras próprias.

Diz o art. 27 do PBPS:

"Para cômputo do período de carência, serão consideradas as contribuições:

I – *omissis*;

II – realizadas a contar da data do efetivo pagamento da primeira contribuição, em atraso, não sendo consideradas para este fim as contribuições recolhidas com atraso referente a competências anteriores, no caso dos segurados empregado doméstico, contribuinte individual, especial e facultativo, referidos respectivamente, nos incisos II, V e VI do art. 11 e no art. 13." (Redação dada pela LC n. 150/15)

Quer dizer, exemplificativamente, se um autônomo inadimplente recolheu contribuições até 31 de dezembro de 2015 (quando não tinha completado o período de 180 mensalidades) e voltou a contribuir em janeiro de 2018, pagando as 24 mensalidades devidas (2016-2017) elas não serão consideradas para completar o referido período de carência.

No exemplo dramático e impactante, filia-se e inscreve-se há 35 anos e resolveu pagar todas as 420 mensalidades em janeiro de 2018, e terá de aportar por mais 180 meses!

Perda da qualidade de segurado

Com a redação da Lei n. 13.457/17, o art. 27-A do PBPS determina:

"No caso de perda da qualidade de segurado, para efeito de carência para a concessão dos benefícios de que trata esta Lei, o segurado deverá contar, a partir da nova filiação à Previdência Social, com metade dos períodos previstos nos incisos I e III do *caput* do art. 25 desta Lei."

Quer dizer, se um segurado com o período de carência mantido, perdeu a qualidade de segurado (porque se afastou do RGPS) quando voltar a se filiar terá que recolher 90 contribuições mensais para completar o período de carência.

Recibo de Pagamento

Até a Lei n. 9.876/99, era utilizado como recibo de quitação dos serviços prestados o Recibo de Pagamento a Autônomo (RPA). Depois disso, pode ser chamado de Recibo de Pagamento a Contribuinte Individual (RPCI).

Segue-se um modelo.

Empresa: _____

Endereço: _____

CNPJ:_____

RECIBO

Recebi da empresa acima identificada, pela prestação de serviços de _____, a importância bruta de R$ (_____) e líquida de R$ (_____), relativa ao mês de _____, conforme discriminação abaixo.

Limite do salário de contribuição .... R$ _____

Valor bruto dos serviços prestados .... R$ _____

Retenção dos 11% dos INSS .... R$ _____

Retenção na CNPJ n. .... R$ _____

Imposto de renda retido .... R$ _____

Líquido a receber .... R$ _____

Recibo elaborado com base na IN SRP n. 3/05

Nome do contribuinte: _____

Inscrição no INSS: _____

CPF: _____ RG: _____

Matrícula no ISS: _____

Inscrição no órgão de controle profissional: _____

Endereço: _____

Data: _____

Assinatura: _____

Dispensa da Parte Patronal

Algumas empresas estão legalmente dispensadas da parte patronal da contribuição securitária incidente sobre a folha de pagamento dos empregados, caso das entidades beneficentes de assistência social, associações desportivas futebolísticas, produtores rurais, entidades religiosas e outras mais.

No art. 22, I, o PCSS estabelece a contribuição patronal das empresas em relação à remuneração dos empregados e avulsos. Nesse momento, silencia quanto à contratação de autônomos.

Ele pontua:

"vinte por cento sobre o total das remunerações pagas, devidas ou creditadas a qualquer título, durante o mês, aos segurados empregados e trabalhadores avulsos que lhe prestem serviços, destinadas a retribuir o trabalho, qualquer que seja a sua forma, inclusive as gorjetas, os ganhos habituais sob a forma de utilidades e os adiantamentos decorrentes de reajuste salarial, quer pelos serviços efetivamente prestados, quer pelo tempo à disposição do empregador ou tomador de serviços, nos termos da lei ou do contrato ou, ainda, de convenção ou acordo coletivo de trabalho ou sentença normativa."

O inciso III desse art. 22 acresce:

"vinte por cento sobre o total das remunerações pagas ou creditadas a qualquer título, no decorrer do mês, aos segurados contribuintes individuais que lhe prestam serviços."

São regras gerais que alteradas por normais especiais são adiante examinadas.

Entidades religiosas

O § 13 do mesmo art. 22 fixa a natureza fiscal de certos valores fornecidos aos eclesiásticos:

"Não se considera como remuneração direta ou indireta, para os efeitos desta Lei, os valores despendidos pelas entidades religiosas e instituições de ensino vocacional com ministro de confissão religiosa, membros de instituto de vida consagrada, de congregação ou de ordem religiosa em face do seu mister religioso ou para sua subsistência desde que fornecidos em condições que independam da natureza e da quantidade do trabalho executado."

Neste caso, não há retenção dos 11% nem o recolhimento da parte patronal das Igrejas de 20%.

Entidades de assistência social

As entidades filantrópicas, assim reconhecidas devido à vetusta Lei n. 3.577/59, não se obrigam a parte patronal de 20% da folha de pagamento.

Nesta condição particular, não estão sujeitas a recolher os 20% devidos pela prestação de seviços de autonomos.

O art. 55 do PCSS, que regia a matéria, foi revogado e substituído pela Lei n. 12.101/09 (que emudeceu a respeito do tema). Diante do seu silêncio, claramente aquele artigo mantinha o dever de recolher os 20% patronais decorrentes da contratação de autônomos.

O art. 316, II, da IN SRF n. 3/05 diz:

"arrecadar, mediante desconto no respectivo salário de contibuição do segurado contribuinte individual que lhes presta serviços, e recolher a contribuição prevista do item "2" da alinea "a" do inciso II do art. 79, para os fatos geradores ocorrido a partir de 1º de abril de 2003, obervado o disposto no inciso V do art. 60."

Associações desportivas

Da mesma forma, são favorecidos os clubes de futebol profissional. O art. 22, § 6º, e seguintes, pontua:

"A contribuição empresarial da associação desportiva que mantém equipe de futebol profissional destinada à Seguridade Social, em substituição à prevista nos incisos I e II deste artigo, corresponde a cinco por cento da receita bruta, decorrente dos espetáculos desportivos de que participem em todo território nacional em qualquer modalidade desportiva, inclusive jogos internacionais, e de qualquer forma de patrocínio, licenciamento de uso de marcas e símbolos, publicidade, propaganda e de transmissão de espetáculos desportivos."

A partir desse preceito é perceptível que o pagamento da remuneração a profissionais autônomos fora do âmbito futebolístico implica na retenção dos 11% e no recolhimento dos 20% patronais, pois conforme o § 10:

"Não se aplica o disposto nos §§ 6º ao 9º às demais associações desportivas, que devem contribuir na forma dos incisos I e II deste artigo e do art. 23 desta Lei."

Produtores rurais

A substituição fiscal é estendida ao mundo rural.

Diz o art. 22-A:

"A contribuição devida pela agroindústria, definida, para os efeitos desta Lei, como sendo o produtor rural pessoa jurídica cuja atividade econômica seja a industrialização de produção própria ou de produção própria e adquirida de terceiros, incidente sobre o valor da receita bruta proveniente da comercialização da produção, em substituição às previstas nos incisos I e II do art. 22 desta Lei, é de:

I – dois vírgula cinco por cento destinados à Seguridade Social;

II – zero vírgula um por cento para o financiamento do benefício previsto nos arts. 57 e 58 da Lei n. 8.213, de 24 de julho de 1991, e daqueles concedidos em razão do grau de incidência de incapacidade para o trabalho decorrente dos riscos ambientais da atividade."

Transporte rodoviário

Relembrando que o passado já foi de 11%, dita o § 15 do mesmo artigo:

"Na contratação de serviços de transporte rodoviário de carga ou de passageiro, de serviços prestados com a utilização de trator, máquina de terraplenagem, colheitadeira e assemelhados, a base de cálculo da contribuição da empresa corresponde a 20% (vinte por cento) do valor da nota fiscal, fatura ou recibo, quando esses serviços forem prestados por condutor autônomo de veículo rodoviário, auxiliar de condutor autônomo de veículo rodoviário, bem como por operador de máquinas."

Florestamento e reflorestamento

Uma exceção diz respeito às empresas de florestamento e reflorestamento (§ 6º):

"Não se aplica o regime substitutivo de que trata este artigo à pessoa jurídica que, relativamente à atividade rural, se dedique apenas ao florestamento e reflorestamento como fonte de matéria--prima para industrialização própria mediante a utilização de processo industrial que modifique a natureza química da madeira ou a transforme em pasta celulósica."

Consórcio simplificado rural

Mais um exemplo de isenção da parte patronal favorece um grupo de produtores rurais (art. 22-B).

"As contribuições de que tratam os incisos I e II do art. 22 desta Lei são substituídas, em relação à remuneração paga, devida ou creditada ao trabalhador rural contratado pelo consórcio simplificado de produtores rurais de que trata o art. 25-A, pela contribuição dos respectivos produtores rurais, calculada na forma do art. 25 desta Lei."

Desoneração da folha de pagamento.

A partir da Lei n. 12.546/11, muitas empresas puderam substituir os 20% da folha de pagamento dos empregados por uma alíquota específica incidente sobre a receita bruta, conforme leis específicas.

A Medida Provisória n. 774/17 alterou a Lei n. 12.546/11, e revogou essa substituição para todas as empresas dos setores comercial e industrial e para algumas empresas do setor de serviços a Contribuição Previdenciária Incidente sobre a Receita Bruta (CPRB), a partir de 1º.7.17.

Enquanto vigeu a Lei n. 12.546/11 e as normas supervenientes, em virtude da menção expressa ao inciso III do art. 22 do PCSS, as empresas ficaram dispensadas da retenção de 11% e dos recolhimentos dos 20% dos autônomos.

34

Presunção do Desconto

Quando presta serviços para uma empresa, cuida-se agora especificamente da retenção dos 11% dos honorários do autônomo.

Há tempos pontua o art. 30, I, do PCSS:

"a empresa é obrigada a:

a) *omissis*;

b) recolher os valores arrecadados na forma da alínea "a" e a contribuição a que se refere o inciso IV do art. 22, como as contribuições a seu cargo incidentes sobre as remunerações pagas, devidas ou creditadas, a qualquer título, aos segurados empregados, trabalhadores avulsos e *contribuintes individuais* a seu serviço até o dia vinte do mês subsequente ao da competência." (grifos nossos)

Sendo que mês de competência está assentado ser os 30 dias em que sucedeu o fato gerador da obrigação fiscal.

Por outro lado, diz ao art. 33, § 5º, do PCSS:

"O desconto de contribuição e de consignação legalmente autorizadas sempre se presume feito oportuna regularmente pela empresa a isso obrigada, não lhe sendo lícito alegar omissão para se eximir do recolhimento, ficando obrigada diretamente responsável pela importância que deixou de receber ou arrecadou em desacordo com o disposto nesta lei."

Quer dizer: primeiro, a empresa é obrigada a reter os 11% dos honorários convencionados a serem deduzidos do trabalhador contratado e a recolher esse montante à Previdência Social.

Segundo, do ponto de vista do interesse do segurado, se não o fizer, obriga-se o contratante a fazê-lo por sua conta.

Evidentemente, a empresa também é obrigada a recolher 20% do mesmo montante, ou seja, do salário de contribuição, que é a parte patronal dessa exação securitária.

Indenização à Previdência Social

Depois de revogar os arts. 45/46 do PCSS (que tratavam da decadência e da prescrição das cotizações securitárias), reverberando a Súmula Vinculante STF n. 8/08, a LC n. 128/08 regulamentou novamente os ônus dos contribuintes individuais em atraso, com o *caput* e três parágrafos do art. 45-A do PCSS:

> "O contribuinte individual que pretenda contar como tempo de contribuição, para fins de obtenção de benefício no Regime Geral de Previdência Social ou de contagem recíproca do tempo de contribuição, período de atividade remunerada alcançada pela decadência deverá indenizar o INSS."

É curiosa a afirmação que o autônomo sujeito a esta norma precisa pretender "contar como tempo de contribuição...", como se fosse alternativa e ele não ser um inadimplente...

Valor da contribuição

O montante mensal do aporte do autônomo foi estabelecido no § 1º do art. 45-A:

> "O valor da indenização a que se refere o *caput* deste artigo e o § 1º do art. 55 da Lei n. 8.213, de 24 de julho de 1991, corresponderá a 20% (vinte por cento):
>
> I – da média aritmética simples dos maiores salários de contribuição, reajustados, correspondentes a 80% (oitenta por cento) de todo o período contributivo decorrido desde a competência julho de 1994; ou
>
> II – da remuneração sobre a qual incidem as contribuições para o regime próprio de previdência social a que estiver filiado o interessado, no caso de indenização para fins da contagem recíproca de que tratam os arts. 94 a 99 da Lei n. 8.213, de 24 de julho de 1991, observados o limite máximo previsto no art. 28 e o disposto em regulamento." (incluído pela LC n. 128/08)

Nos seus dois incisos, o § 1º do art. 45-A define o valor da contribuição, fixando a alíquota de 20% e indicando a base de cálculo nos dois incisos que dele fazem parte.

Esses 20% são os mesmos do art. 21 do PCSS, basicamente a do contribuinte individual. Note-se que é taxa hodierna, ignorando a própria de cada um dos meses de competência do passado.

Não está claro o percentual dos contribuintes individuais que prestaram serviços à empresas inadimplentes, pois nesses casos o dever desses segurados seria de ensejar apenas 11% da remuneração devida pelos serviços prestados, arcando o contratante com os 20% patronais. Corretamente, deveria ser de apenas 11% da atual remuneração.

Juros de mora

Não há correção monetária, mas subsistem juros e multa.

A esse respeito reza o § 2º:

"Sobre os valores apurados na forma do § 1º deste artigo incidirão juros moratórios de 0,5% (cinco décimos por cento) ao mês, capitalizados anualmente, limitados ao percentual máximo de 50% (cinquenta por cento), e multa de 10% (dez por cento)."

Os juros de 0,5% são limitados a 50% e a multa é de 10% em todos os casos, a serem confrontados com os 20% da contribuição normal (PCSS, art. 21, § 3º) e com os juros do Regime Especial de Inclusão dos Informais (REII) que observam a Lei n. 9.430/96.

Exceção da decadência

Em seu § 3º, a norma separou em dois períodos histórias a obrigação fiscal:

a) antes do início do prazo de decadência e

b) depois dele.

"O disposto no § 1º deste artigo não se aplica aos casos de contribuições em atraso não alcançadas pela decadência do direito de a Previdência constituir o respectivo crédito, obedecendo-se, em relação a elas, as disposições aplicadas às empresas em geral."

A indenização diz respeito aos períodos de contribuições decaídas, ou seja, aquelas que remotamente ultrapassarem os 60 meses da indigitada Súmula Vinculante STF n. 8/08.

Os débitos compreendidos fora da decadência seguem as regras normais das contribuições.

A clientela é dos contribuintes individuais da iniciativa privada filiados ao RGPS e os servidores filiados aos RPPS (que tenham tempo de contribuintes individuais no passado e queiram aproveitá-los), restando excluídos os trabalhadores informais mencionados no art. 21 do PCSS.

Período anterior à filiação obrigatória

Neste particular, o dispositivo envolve os contribuintes individuais que exerceram atividades remuneradas na época em que as suas atividades não os sujeitavam à contribuição, caso dos eclesiásticos antes da Lei n. 6.696/79 e dos exercentes de mandato eletivo antes da Lei n. 9.506/97.

Nesse sentido da anterioridade não filiativa, não houve preocupação com os empresários ou autônomos, uma vez que se tornaram segurados obrigatórios há mais de 57 anos.

Contagem recíproca

Contagem recíproca consiste na possibilidade do segurado computar o tempo de serviço não concomitante exercido sob os auspícios do RGPS num RPPS ou de um destes regimes próprios municipais, estaduais, do Distrito Federal e da União, no RGPS (§§ 9º do art. 40 e 201 da Carta Federal).

Uma vez promovido o acerto de contas com a Previdência Social será emitida a correspondente Certidão de Tempo de Contribuição (CTC), prevista nos arts. 94/99 do PBPS.

Tempo de contribuição

Sem embargo de aludir ao tempo de contribuição, o art. 45-A do PCSS quer dizer o tempo de serviço para todos os fins dos benefícios do RGPS, valendo inclusive para comprovar o período de carência.

Art. 27, II, do PBPS

O art. 27, II, do PBPS diz que, para os efeitos do período de carência, serão consideradas as contribuições:

> "realizadas a contar da data do efetivo pagamento da primeira contribuição sem atraso, não sendo consideradas para este fim as contribuições recolhidas com atraso referentes a competências anteriores, no caso do segurados empregado doméstico, contribuinte individual, especial e facultativo, referidos, respectivamente nos incisos II, V e VI do art. 11 e no art. 13."

Ora, ainda que verdadeiramente sejam contribuições, como o legislador ordinário insistentemente as chama de indenizações, o intérprete será levado à conclusão que, neste caso, elas não se submetem ao dispositivo acima reproduzido e se prestam para completar o período de carência.

Atividade remunerada

A norma tem pertinência com a ideia de filiação, isto é, envolve o trabalho remunerado que força a filiação do trabalhador ao RGPS.

Natureza do pagamento

O comando é nitidamente contrário ao princípio da vigência da lei ao tempo dos fatos, arrosta frontalmente o ato jurídico perfeito e, como tal, é inconstitucional. Oferecida como faculdade, com vistas à simplificação da prova do recolhimento, em cada caso o segurado poderia ter interesse na solução, mas, sendo obrigatória, consubstancia a irretroatividade vedada pela ciência do Direito.

Base de cálculo

A base de cálculo que se presta para a definição da obrigação fiscal designada pela lei como indenização é muito semelhante à definição do salário de benefício das prestações de pagamento continuado (art. 29 do PBPS).

Ou seja, uma média dos 80% maiores salários de contribuição, corrigidos mês a mês e pinçados no período de julho de 1994 (Plano Real) até o mês anterior ao pedido da providência.

Conforme o inciso II, as contribuições mensais que servem para o cálculo da indenização deverão observar o limite do salário de contribuição do art. 28 do PCSS, que em 2017 era de R$ 5.531,31.

O período considerado poderá admitir algumas falhas contributivas de alguém que em algum momento não esteve filiado.

A divisão será pelo número de meses de contribuições devidas.

Remuneração do serviço

Embora não explicite o que se deva entender por remuneração do servidor, há que se entender o conceito do Direito Administrativo, ou seja, os vencimentos para o estatutário ou o celetista.

A disposição arrosta a base de cálculo do mês de competência, que pode não ser a atual remuneração do servidor. A presença dos juros de mora de 0,5% referidos no § 1º dá conta de que não se trata de uma contribuição ou indenização decantada no momento da solicitação do acerto de contas.

Responsável Fiscal

A definição do fiscalmente responsável pelas contribuições do autônomo tem gerado incertezas.

Oscar Valente Cardoso, em minudente trabalho, expôs as divergências e incongruências judiciais a respeito (As obrigações do prestador e do tomador de serviços no recolhimento das contribuições previdenciárias do contribuinte individual. In: *RDDT*, São Paulo, Dialética, n. 170/43).

A partir do título do seu trabalho e do conteúdo desenvolvido, é possível perceber que ele, à luz dos arts. 21, 30, II, e § 4º, os três dispositivos da Lei n. 8.212/91, se centraram na questão de saber quem é o fiscalmente responsável por essas contribuições: a pessoa física do trabalhador, que ele chamou de prestador de serviços ou da empresa, que ele designou como tomadora da mão de obra.

O art. 21 configura a alíquota e a base de cálculo desses autônomos (20% de certo salário de contribuição). O art. 30, II, em decorrência do art. 4º da Lei n. 10.666/03, diz que é seu dever "recolher sua contribuição por iniciativa própria até o dia quinze do mês seguinte ao da competência".

Não tão claramente o § 4º do art. 30 diz que a empresa reterá 11% da remuneração paga ao autônomo e a recolherá juntamente com a parte patronal de 20% (PCSS, art. 22, III, na redação da Lei n. 9.876/99).

Caso pairem dúvidas sobre esta última parte bastará rever o art. 4º da Lei n. 10.666/03:

"Fica a empresa obrigada a arrecadar a contribuição do segurado contribuinte individual a seu serviço, descontado da respectiva remuneração, e a recolher o valor arrecadado juntamente com a contribuição a seu cargo até o dia 10 (dez) do mês seguinte ao da competência."

Razões da preocupação

A contribuição dos autônomos interessa na medida em que eles contribuem para fazer jus aos benefícios previdenciários e, diferentemente do empregado (que também sofre retenção em seus salários, mas *ex vi legis* do art. 33, § 5º, do PCSS, tem essa dedução mensal e o recolhimento presumidamente operados pelo empregador) — os autônomos têm de provar ao INSS o recolhimento das suas contribuições mensais.

Contribuições que, em alguns casos, somente se efetuadas em dia ou em certas circunstâncias, decantam a existência do direito.

Para se ter uma ideia de como a legislação os considera, tome-se como exemplo dois irmãos univitelinos. Contratados no mesmo dia por uma empresa: o primeiro deles, como empregado e o segundo, como autônomo.

Nos dois casos, somente para raciocinar e impactar, suponha-se que essa empresa nunca recolheu as contribuições devidas e que ambos completaram 35 anos de serviço.

O empregado apresentará a Carteira de Trabalho e Previdência Social (CTPS) com o registro anotado, o INSS consultará o CNIS e concederá a aposentadoria.

Um autônomo que nunca pagou, recolherá os 420 meses à vista, claro com juros e multa, e terá de esperar por mais 15 anos, sempre pagando, e só então fará jus ao benefício (PBPS, art. 27, II). Porque o seu período de carência é contado do primeiro pagamento sem atraso.

Contribuintes individuais

Desde a Lei n. 9.876/99, os autônomos são considerados contribuintes individuais, mas, pelo menos desde a criação do ex-IAPC eles compareceram na legislação previdenciária, ora como facultativos e desde a Lei Orgânica da Previdência Social (LOPS), como segurados obrigatórios (Lei n. 3.807/60).

Já foram verdadeiramente contribuintes individuais (até o Decreto-lei n. 959/69), e a partir de 1º.10.69, de uma forma e de outra, passaram a gerar deveres fiscais patronais (claro que quando prestavam serviços às empresas).

Tipos de autônomos

O tratamento fiscal legal para os autônomos adota três modalidades.

São os que prestam serviços:

a) exclusivamente para pessoas físicas;

b) exclusivamente para pessoas jurídicas; e

c) para pessoas físicas e jurídicas.

Ônus fiscais gerados

Dos artigos citados ou reproduzidos, em relação a cada um dos três tipos de autônomos, têm-se os seguintes cenários.

I) Autônomo que trabalha para pessoas físicas

Na condição de contribuinte de fato e de direito, ele será fiscalmente responsável pelo recolhimento mensal de 20% da remuneração auferida no mês de competência.

Se não fizer, arcará com as consequências previstas no Plano de Benefícios (PBPS), relativas à inadimplência em si mesma e a mensuração do período de carência (ambas anacrônicas em face da contributividade da previdência social e discutíveis em si mesmas).

II) Autônomo que trabalha para pessoas jurídicas

Neste caso, toda vez que for remunerado por uma empresa sofrerá retenção de 11% dos honorários e essa contribuição, juntamente com os 20% da empresa, será por esta recolhida ao INSS.

Essa retenção é presumidamente feita, e por ela o autônomo não é responsável. Se a empresa não deduziu esse valor terá de recolhê-lo ao FPAS sob pena de ser fiscalizada pela Receita Federal do Brasil. O responsável pela retenção e pelo recolhimento é o contratante dos serviços (tomador da mão de obra).

III) Autônomo que, no mesmo mês, trabalha para pessoas físicas e jurídicas

Nesta hipótese, combinamos as duas obrigações anteriores. Observado o limite do salário de contribuição de R$ 5.531,31, vigente em janeiro de 2017, supondo-se que tenha recebido R$ 1.000,00, de clientes pessoas físicas e R$ 2.000,00, de pessoas jurídicas, os recolhimentos serão:

a) 20% de R$ R$ 1.000,00, ou seja, R$ 200,00, a serem recolhidos pelo carnê de pagamento; e

b) 11% de R$ 2.000,00, ou seja, R$ 220,00, a serem repassados pelo contratante (além do seu dever fiscal de pagar mais R$ 400,00).

Algumas situações podem apresentar soluções complicadas no que diz respeito a ordem temporal dos pagamentos. Supondo-se que trabalhou até o dia dez para pessoas físicas e do dia onze em diante para pessoas jurídicas, o critério é o anterior.

Observada essa sequência temporal, se no primeiro caso a remuneração das pessoas físicas ultrapassam o limite do salário de contribuição (20% de R$ 5.531,31), não haverá necessidade de retenção dos 11% das empresas contratantes que apenas assumem a responsabilidade pelos 20% da remuneração (e sem limite de valor).

Caso tenha trabalhado para pessoa jurídica no começo do mês e recebido honorários que superam aquele limite, sofrerá retenção máxima, 11% de 5. 531,31, e nada recolherá em relação às remunerações auferidas das pessoas físicas.

Uma hipótese curiosa é daquele que trabalhou o mês inteiro para pessoas físicas e jurídicas. A lei nada dispôs sobre essas circunstâncias aqui aventadas e julgamos ser possível dividir os encargos proporcionalmente.

Ou seja, 11% de 50% de R$ 5.531,31 + os 20% patronais sem limite (GPS) e 20% de 50% R$ 5.531,31 (carnê de pagamento).

Acórdãos contrários

Sem razão, os acórdãos que atribuem responsabilidade fiscal ao autônomo que prestam serviços para empresas. Estas estão obrigadas a reterem e a recolherem a contribuição desse segurado obrigatório e para efeito dos benefícios vale o disposto no art. 33, § 5º, do PCSS:

> "O desconto de contribuição e de consignação legalmente autorizada, sempre se presume feito oportuna e regularmente pela empresa a isso obrigada, não lhe sendo lícito alegar omissão para se eximir do recolhimento ficando diretamente responsável pela importância que deixou de receber ou arrecadou em desacordo com o disposto nesta lei."

Então, ao contrário do que disseram vários acórdãos, basta o segurado provar o exercício da atividade profissional para terem assegurado o direito ao benefício.

Inadimplência empresarial

Ainda que o tomador dos serviços não retenha ou se retiver, não as recolha, as contribuições, o autônomo:

a) manterá a qualidade de segurado;

b) somará mensalidades para completar o período de carência;

c) adicionará tempo de contribuição.

Situação curiosa diz respeito ao autônomo que presta serviços para pessoas físicas (quando não há retenção por parte do cliente) e pessoas jurídicas (quando o cliente deve reter os 11%), e ambos, contratado e contratante estão inadimplentes.

Neste caso, agirá bem quem considerar válido o direito ao benefício cifrado o salário de contribuição à remuneração referente ao serviço contratando por pessoa jurídica. A parte pessoal não recolhida *oportune tempore* dependerá de cada situação e do recolhimento *a posteriori*.

37

Previdência Privada

De regra, a previdência privada fechada se destina aos empregados de uma empresa. Da mesma forma, o plano de benefícios da entidade associativa é destinado aos profissionais filiados à entidade instituidora.

Usualmente os regulamentos básicos não preveem a inscrição de outros tipos de trabalhadores (autônomos, estagiários, eventuais, cooperados ou terceirizados).

A filiação obrigatória a uma EFPP, tema recorrente nos últimos anos, pode suscitar a possibilidade de uma entidade fechada admitir os autônomos.

Claro, preferivelmente, daqueles que se mantém por longos períodos prestando serviços a patrocinadora.

Noutro extremo da cobertura securitária, a previdência privada aberta está amplamente disponível para esses segurados.

Nada obsta que se filie a um plano aberto e até mesmo celebrar um contrato de seguro privado.

Todavia, crê-se que o caminho mais fácil para a cobertura de riscos superiores ao teto da previdência social básica seja a entidade associativa.

A OABPrev é um exemplo da cobertura previdenciária dos advogados.

Exercentes da Medicina

Um caso bastante singular de autônomo que presta serviços para empresas é o dos médicos. Podendo aqui mencionar também os profissionais da saúde e, com isso, incluídos os odontólogos e psicólogos e outros mais.

São autônomos, liberais e, possivelmente, em razão de sua relevante atividade, os mais independentes dos profissionais. Pode-se afirmar que o seu empenho pessoal, numa imaginária hierarquia laboral social, os postaria em primeiro lugar.

Adotam uma disciplina de profissão bastante regulamentada, observando códigos de ética e normas severas do CFM.

Podem cometer um crime específico: a omissão de socorro.

Executam em seus consultórios, clínicas e principalmente seus serviços em hospitais mediante um acordo específico.

São autônomos, cooperados, temporários, servidores e empregados. Podem ser empresários como sócios ou titulares de firma individual.

Em casos mais raros, até mesmo domésticos.

Aqui, agora, só interessa os que prestam serviços para clientes particulares, hospitais, ambulatórios, clínicas, Santas Casas, Unidade de Pronto Atendimento (UPA) etc.

Vale registrar que, devido a enxurrada de pleitos na Justiça do Trabalho, os seus serviços para hospitais são aqueles que mais têm gerado reclamações trabalhista com vistas ao vínculo empregatício. Em parte devido subordinação funcional a que são tecnicamente submetidos.

Médico público

Do mesmo modo como se pode vislumbrar um autônomo rural, não é possível falar num autônomo fora da iniciativa privada.

Pessoalmente, o médico que presta serviços aos órgãos públicos é um servidor celetista ou estatutário.

Mas, claro está que pode contratar um médico autônomo pertencente à iniciativa privada, quando assume os deveres fiscais aqui elencados.

Médico intercambista

Com a Lei n. 12.871/13, iniciou-se o processo de contratação de médicos estrangeiros, principalmente cubanos, para prestarem serviços no Brasil em regiões afastadas ou periféricas das metrópoles.

Foi instituído o "Programa Mais Médicos", com a finalidade de formar recursos humanos na área médica para o Sistema Único de Saúde (SUS) e com o objetivo de diminuir a carência de médicos nas regiões prioritárias para o SUS, a fim de reduzir as desigualdades regionais na área da saúde e ampliar a inserção do médico em formação nas unidades de atendimento do SUS, desenvolvendo seu conhecimento sobre a realidade da saúde da população brasileira.

Considera-se:

I – médico participante: médico intercambista ou médico formado em instituição de educação superior brasileira ou com diploma revalidado; e

II – médico intercambista: médico formado em instituição de educação superior estrangeira com habilitação para exercício da medicina no exterior.

Esse profissional exercerá a medicina exclusivamente no âmbito das atividades de ensino, pesquisa e extensão do Projeto Mais Médicos para o Brasil, dispensada, para tal fim, nos três primeiros anos de participação, a revalidação de seu diploma.

Dispondo sob tema de grande indagação diz o art. 17 que:

"As atividades desempenhadas no âmbito do Projeto Mais Médicos para o Brasil não criam vínculo empregatício de qualquer natureza."

Logo, sem sujeição de INSS como trabalhador subordinado.

Portanto, segundo a lei, esses médicos não serão empregados nem servidores dos municípios, estados, DF e da união. Diante da prestação de serviços resta a hipótese de serem contribuintes individuais. Sem prejuízo de uma eventual reclamação trabalhista, já que apresentarão algumas características dos empregados.

Os médicos poderão perceber bolsas nas seguintes modalidades:

I – bolsa-formação;

II – bolsa-supervisão; e

III – bolsa-tutoria.

Tal participante do programa enquadra-se como segurado obrigatório na condição de contribuinte individual. Logo terá de contribuir com 20% do salário de contribuição e este deverá ser o valor da bolsa de estudos. Não há Imposto de Renda em relação à referida bolsa de estudos.

A expressão profissionais na saúde é vulgarmente utilizada em dois sentidos estritos — ela abrage apenas vários profissionais exceto os médicos, e *lato senso* — inclui esses profissionais e também os médicos. Existem cooperativas médicas que somente admitem como cooperados os médicos aceitando os profissionais da saúde como credenciados.

O profissional da saúde é alguém que trabalha em uma profissão tida como ciência da saúde. Entre esses diversos profissionais, incluem-se os biólogos, nutricionistas, enfermeiros, fisioterapeutas, osteopatas, educadores físicos, assistentes sociais, fonoaudiólogos, dentistas, terapeutas ocupacionais, psicólogos, biomédicos, farmacêuticos, técnicos e tecnologia em radiologia, entre outros.

Eles literalmente não são médicos. Em Portugal, o dentista é médico.

As seguintes ocupações/profissões podem ser incluídas nessa categoria de "novas" profissões, semi-profissões, ocupações não regulamentadas etc. Nem todas estão regulamentadas como profissão, por exemplo no Brasil, porém algumas já possuem relativa identificação (CBO) e não foram referidas acima.

Médico do Trabalho

De regra, em razão da tipicidade das suas atividades, nas médias e grandes empresas, o médico do trabalho é um empregado registrado.

Porém, as pequenas empresas têm permissão para contratar uma clínica especializada ou um médico autônomo.

Essa atividade profissional relevante para a saúde do trabalhador propicia seus riscos e, por vezes, o médico do trabalho é, por isso, civilmente responsabilizado.

O juiz Henrique Macedo Hinz, da 9ª Vara do Trabalho de Campinas, condenou a Hollingsworth do Brasil ao pagamento de R$ 1 milhão por danos morais coletivos, em decorrência da exposição de empregados a riscos ergonômicos e à insalubridade.

O médico da empresa foi sentenciado a pagar R$ 200 mil de indenização, por sonegar a emissão de CAT, emitindo laudos que não condiziam à realidade, e também pela prática de assédio moral. A condenação se deu nos autos da Ação Civil Pública movida pelo Ministério Público do Trabalho.

O MTPS e o CEREST produziram laudos técnicos que comprovaram a total inadequação dos postos e rotinas de trabalho da Hollinsworth às normas vigentes, de modo que foram registrados inúmeros casos de doença ocupacional, todos relacionados a lesões por movimentos repetitivos (LER/Dort) e outras ocorrências ósteo-musculares.

Há um ritmo de trabalho intenso, sem pausas, com repetição exaustiva das rotinas de produção, especialmente nos setores de montagem e de embalagem.

De acordo com o procurador que instruiu todo o inquérito e ingressou com a ação judicial, ao longo das investigações foram encontrados vários fatores de risco à integridade física e mental dos trabalhadores da fábrica.

A empresa tem causado inúmeros afastamentos dos seus trabalhadores portadores das doenças ocupacionais adquiridas em razão das atividades que desempenham. Quando retornam às suas atividades, eles são avisados que aguardem em casa por um parecer médico que irá designar qual atividade compatível com o seu atual estado de saúde.

O médico da empresa foi processado por imperícia na emissão de CAT. Ele emitia laudos que não condiziam com a realidade para mascarar o acidente de trabalho, utilizando-se do assédio moral para que o trabalhador voltasse à linha de produção, mesmo sentindo dores.

Não se pode admitir que um médico, a quem as pessoas socorreu em seu momento de dor física, sejam maltratadas. Não só os trabalhadores da reclamada que efetivamente passaram pelo médico, mas também os que poderiam ter de fazê-lo, iriam encontrar esse profissional que não hesitava em fazer pouco de suas dores, que tratava com pouco caso suas moléstias profissionais, não emitindo a CAT que deveria, por dever de ofício, fazê-lo (...), escreveu o juiz. Inclusive, um dos pedidos do MPT na ação era para que o médico deixasse de prestar seus serviços para a empresa.

Com essa decisão, a Hollingsworth deve elaborar ordens de serviço sobre segurança e medicina do trabalho, dando ciência aos segurados acerca dos riscos profissionais de suas atividades, fazer análises ergonômicas, implantar programas de prevenção para inibir a ocorrência de novos acidentes, constituir uma nova equipe médica (o médico condenado foi afastado) e emitir CAT em caso de acidente ou suspeita.

Todos os profissionais afastados por lesões devem ser realocados em atividades compatíveis à sua capacidade física. Processo n. 0153600-70.2008.5.15.0044.

Médico-Residente

Depois de completado o ensino de graduação, o médico tem de passar por um processo técnico de aperfeiçoamento profissional conhecido como residência médica.

Durante esse período presta serviços para um estabelecimento de saúde como se fora um autônomo ou empregado, cenário semelhante sem ser nenhuma dessas duas categorias de segurados obrigatórios. Aproxima-se bastante do estagiário.

O seu trabalho é remunerado por uma figura eufemística chamada de bolsa de estudos.

O art. 1º da Lei n. 6.932/81 diz que:

"A Residência Médica constitui modalidade de ensino de pós-graduação, destinada a médicos, sob a forma de cursos de especialização, caracterizada por treinamento em serviço, funcionando sob a responsabilidade de instituições de saúde, universitárias ou não, sob a orientação de profissionais médicos de elevada qualificação ética e profissional."

Conforme o art. 3º, o médico residente admitido no programa terá anotado no contrato padrão de matrícula:

a) a qualidade de médico residente, com a caracterização da especialidade que cursa;

b) o nome da instituição responsável pelo programa;

c) a data de início e a prevista para o término da residência;

d) o valor da bolsa paga pela instituição responsável pelo programa.

O médico-residente é segurado obrigatório do Regime Geral como contribuinte individual (Lei n. 12.514/11).

Ele tem direito, conforme o caso, à licença-paternidade de cinco dias ou à licença-maternidade de 120 dias.

O valor da bolsa do médico-residente poderá ser objeto de revisão anual. Em 2016, o valor desse pagamento era de R$ 3.330,43.

De todo o exposto fica claro que, por força de lei e não da realidade, o médico residente não é empregado do hospital nem autônomo, mas genericamente, um contribuinte individual, que limita os seus possíveis direitos previdenciários.

Esse cenário jurídico laboral e previdenciário foi criado para estimular os hospitais e santas casas a manter um profissional aos seu serviço sem os custos do empregado ou autônomo.

De acordo com o juiz Eduardo Morais da Rocha, da 7ª Turma do TFR da 1ª Região, manifestando-se em 13.6.2017 no Proc. n. 035391-63.2001.4.01.3800/MG, o Hospital Ibiapá S/A não teme responsabilidade pelas contribuições que devem ser efetuadas pelo médico residente.

Medicina de Grupo

No campo da assistência suplementar à saúde, entre outras operadoras e como sociedades coletivas, sobressai a experiência designada como medicina de grupo.

Aqui, é enfocada apenas a situação dos médicos, na condição de sócios, que dela façam parte, com vista à classificação previdenciária e os deveres e direitos.

A Lei n. 9.961/00 criou a Agência Nacional de Saúde Suplementar (ANS), o órgão governamental federal que monitora as atividades das empresas da iniciativa privada que empreendem a suplementação da assistência à saúde.

No *"Glossário Temático de Saúde Suplementar"*, editado em Brasília em 2009 pelo Ministério da Saúde, encontra-se a seguinte conceituação:

> "... sociedade que comercializa ou opera planos de saúde, excetuando-se a classificação nas modalidades: administradoras, cooperativa médica, autogestão, filantropia e seguradoras especializadas em saúde." (p. 50)

Como visto, um modelo péssimo de descrição, na medida em que assevera ser medicina de grupo, se não for uma das atividades empresariais mencionadas.

A empresa medicina de grupo é uma pessoa jurídica, tida como sociedades simples são regidas pelos arts. 1.039/1.087 do Código Civil.

Geralmente constitui-se de pessoas físicas, normalmente de médicos, obrigadas ao Registro no Conselho Regional de Medicina, conforme se colhe no *"Guia de Pessoas Jurídicas na Área Médica"*, editado pelo CREMESP em 2003.

O médico que dessa sociedade faz parte como sócio é um contribuinte individual, designado como empresário até o advento da Lei n. 9.876/99 e, nessa condição, contribui como empreendedor, ou seja, sujeito à retenção dos 11% do *pro labore* e gerando os 20% da pessoa jurídica.

Nessa condição, se ela prestar serviços para uma empresa não subsistirão deveres fiscais previdenciários.

Autogestão de Assistência Médica

Acredita-se que a Caixa de Assistência dos Funcionários do Banco do Brasil (CASSI), criada em 1944, seja a primeira modalidade de autogestão surgida no nosso país. Hoje, é, provavelmente, o mais completo desse modelo de assistência particular à saúde.

Em termos de serviço público, é possível que o convênio IAPI — Empresa de 1964 seja uma das primeiras experiências nesse sentido.

Médicos e odontólogos autônomos prestam pessoalmente serviços a clientes empregados de empresas, com as quais celebram um contrato de prestação de serviços.

Materialmente, o atendimento é propiciado a uma pessoa física (o cliente); juridicamente à pessoa jurídica contratante.

Eles não são empregados nem cooperados em relação ao empregador, a relação é civil e conhecida como planos empresariais, planos coletivos e, principalmente, de autogestão.

Ou seja, a assistência saúde suplementar dos seus colaboradores são geridos diretamente pelas próprias empresas. Por vezes, em parte, terceirizada à gestão.

Trata-se de um plano de saúde fechado. Esse modelo representa algo em torno de 16% das modalidades de assistência a saúde suplementar.

Basicamente, o custeio experimenta três tipos:

a) Plano não contributário — A empresa banca totalmente os serviços;

b) Parcialmente contributário — Os empregados participam do custeio; e

c) Inteiramente contributário — Os empregados assumem essas despesas.

Os serviços são próprios e aí admitindo autônomos ou empregados próprios e profissionais credenciados.

Embora não trate especificamente deste modelo, mas de toda a prestação de serviços médicos suplementares, o art. 1º, II, da Lei n. 9.656/98 refere-se a autogestão. Seu conceito administrativo comparece no art. 3º da Resolução Consu n. 14/98.

Anete Maria Gama diz que: "Atualmente, a discussão em torno da definição do conceito de autogestão está vinculada ao processo de regulamentação do setor suplementar de saúde, uma vez que a atual legislação também o incluiu no conjunto de empresas que operam planos de assistência médico-hospitalar, apesar de isentá-las do cumprimento de algumas exigências legais. Como foi dito anteriormente, as diferenças entre as operadoras de mercado e as autogestões estariam principalmente no fato de estas não serem uma modalidade comercial, não terem o lucro como objetivo. Entretanto, em um mercado cada vez mais competitivo, a regulamentação do setor, ao isentar a autogestão de algumas obrigações que as outras operadoras do setor devem cumprir, faz com que a conceituação de autogestão seja necessidade e exigência do próprio mercado" (tese de dissertação apresentada em 2003, a escola Nacional de Saúde Pública da Fundação Oswaldo Cruz, disponível na *internet*).

Para nós, pode ser descrita como um sistema privado suplementar de assistência à saúde do trabalhador criado pelo empregador em favor dos seus empregados, mediante custeio próprio ou compartilhado.

O médico ou odontólogo que prestar serviços para essa entidade (o próprio empregador ou uma pessoa jurídica instituída) é remunerado, sofrendo a retenção de 11% e obrigando a contratante aos 20% patronais.

Jean Spencer Felton publicou um livro sob o título de "Serviços Médicos de Empresa" traduzido por Lisbeth M. Thomsen (São Paulo: ARX – Editora, 1973), muito útil para quem queira conhecer mais profundamente a teoria desse assunto.

Cooperativa Médica

Em linhas particulares, a cooperativa médica é uma entidade de prestação de serviços médicos regulada na Lei n. 5.764/71, a norma básica do cooperativismo.

Em si mesma é uma associação de pessoas físicas designadas como cooperados, *in casu*, os médicos, geralmente autônomos. A UNIMED é um exemplo típico.

É uma sociedade de profissionais associados cuja finalidade é a prestação de serviços médicos. O retorno das quotas adquiridas por esses profissionais, que é um resultado pessoal proporcional das operações. Cada cooperado adquire certo número de quotas, estabelecido legal e estatutariamente.

O ingresso nas cooperativas é livre a todos que desejarem utilizar os serviços prestados pela mesma, desde que adiram aos propósitos sociais e preencham as condições estabelecidas no estatuto social (art. 29 da Lei n. 5.764/71).

Subsiste o intuito de que os cooperados possam prestar serviços médicos aos clientes, de tal forma que possibilite o exercício de uma atividade comum econômica sem fito de lucro. Rigorosamente, os clientes da cooperativa médica celebram uma espécie de seguro privado, pagam uma mensalidade e são atendidos pelos cooperados em seus consultórios ou estabelecimento médicos.

Neste tipo societário será sempre obrigatória a adoção da expressão "cooperativa" na denominação.

Gerida por uma diretoria ou conselho de administração ou ainda outros órgãos necessários à administração previstos no estatuto, composto exclusivamente de associados eleitos pela assembleia geral, com mandato nunca superior a quatro anos sendo obrigatória a renovação de, no mínimo, 1/3 do conselho de administração.

De acordo com o art. 90 da Lei n. 5.764/71, os médicos cooperados não mantêm vínculo empregatício com a cooperativa da qual faça parte. Em relação à previdência social são pessoalmente autônomos. Também não devem ser confundidos com os meramente credenciados pela cooperativa.

Um cooperado tem de comprar quota-mínima que varia significativamente.

Apresenta superávit ou déficit apurado em março de cada ano.

O credenciamento não é muito praticado, mas vale para profissionais da saúde.

São duas relações:

a) cooperado (c/ resultado); e

b) autônomo que presta serviços médicos (honorários).

Os clientes são chamados de usuários.

44

Enquadramento da Doula

A lista dos contribuintes individuais, entre os quais alguns autônomos, integrante da IN SRF n. 971/09 (contribuições) ou da IN INSS n. 77/15 (benefícios) é significativa, convindo destacar um caso bem particular: o da doula.

As nuanças do exercício profissional dessa atividade justificam considerações apartadas.

A doula é uma assistente de parto, sem a necessária formação médica, uma acompanhante da grávida durante a gestação até os primeiros meses após o parto, com foco no bem estar da mulher. Quiçá do bebê.

Sua nobre função de apoiadora moral e psicológica é propiciar informação, acolhimento, apoio físico e emocional à mulher durante a gravidez, o parto e o pós-parto.

A palavra "doula" tem sua origem no termo grego clássico, que significava "escrava"; ali designava uma criada doméstica.

Na Grécia atual tem conotação negativa e as profissionais são atualmente denominadas "assistentes de parto".

Quem primeiro utilizou o conceito de doula na sua concepção moderna foi a antropóloga Dana Raphael, referindo-se às mulheres que ajudavam às novas mães durante a lactância e o cuidado ao recém-nascido nas Filipinas.

Por não ser médica, paramédica nem enfermeira e por ser contratada e remunerada diretamente pela parturiente, a doula não é empregada da maternidade, que tão somente autoriza ou não a sua presença durante a internação da grávida.

"A doula é uma acompanhante treinada, que faz uma formação para conhecer a fisiologia da gestação, do parto, para prestar um suporte físico e afetivo para a mulher durante toda a gestação, a partir do momento em que é contratada, e durante o parto", explica Shana Fraga, profissional da área.

Em razão da eventualidade do contrato com a futura mãe do bebê não é doméstica e em face da ausência de subordinação, resta-lhe a classificação de autônoma.

Vínculo entre Médico e Hospital

De modo bastante genérico, profissionais de medicina que funcionam nos hospitais ou outros empreendimentos médicos, podem ser: empresários, empregados, cooperados, autônomos, terceirizados, temporários, estagiários, residentes, convidados, voluntários ou apresentando-se com a falsa pessoa jurídica.

São destacados os plantonistas e os credenciados.

As reclamações mais sugestivas são as oriundas de médico não registrado como empregado que pretende o vínculo empregatício.

Neste caso, matéria de prova intrigante refere-se à presença da subordinação ou ausência da independência, em razão da natureza dos serviços prestados por esses profissionais. Até porque os médicos são naturalmente avessos à submissão.

Aparentemente, nesse sentido, o cumprimento de horário seria subordinação estrutural e não definiria a relação de emprego, bem como a utilização de uniforme adequado.

Uma definição do *animus contrahendi* é saber para quem se destina o trabalho, que são elementos capazes de dificultar a investigação.

Ninguém ignora o número elevado de reclamações trabalhistas tentadas o tempo todo em razão desse assunto.

As incertezas são enfatizadas ou minoradas conforme cada especialização, natureza do atendimento (clínico ou cirúrgico, fisiológico ou psicológico), notoriedade do prestador de serviços, casos de emergência e tipo de intervenção executada.

Tratar-se do notório conhecedor de uma especialização e líder de um grupo de auxiliares.

Acentuadamente, em face da exclusividade e da continuidade laboral no tempo.

Duas coisas dificultam o deslinde do verdadeiro ambiente laboral.

Primeiro, o médico recém-formado aceita ser autônomo, cooperado ou pejotado ou não tem trabalho.

Segundo, uma vez assinado o contrato, desconhecedor dos direitos celetistas, ele se julga obrigado a cumpri-lo, ainda que o cenário não corresponda a realidade. Somente bate às portas da justiça trabalhista quando de desavenças ou demissões.

Um caso clássico é o do plantonista que, quase sempre dissolvido em razão das provas materiais e testemunhais trazidas aos autos e principalmente da pessoalidade dos serviços.

Outro cenário é do credenciado. São inúmeras as decisões em favor de médicos admitidos como credenciados que obtiveram na Justiça do Trabalho ao reconhecimento do vínculo empregatício quando demonstram as características do empregado.

Pelo mesmo fundamento, em boa parte, no serviço público, diz respeito a médicos peritos credenciados que obtiveram relação de emprego com a Administração Pública.

Realidade Contratual

Tratando mais especificamente do tido como autônomo que presta serviços continuados para a mesma empresa, tanto quanto sucede com o estagiário, temporário, cooperado e o pejotado, é possível suspeitar que, na prática do dia a dia, em muitos casos simplesmente se trata de um empregado não registrado.

Quando é tecnicamente um bom profissional, a empresa tem interesse na sua manutenção e muitos autônomos se comprazem em trabalhar num estabelecimento que lhe agrada (ainda que não detenha a verdadeira liberdade quando opera no seu escritório).

Estranha que a doutrina especializada não se interesse muito sobre esse cenário e o faz somente quando o titular da relação reclama o vínculo empregatício na Justiça do Trabalho.

As circunstâncias desse esforço humano juridicamente distinto e as provas materiais ou testemunhais que possam ser produzidas não deixam os magistrados confortáveis; o ambiente laboral atual aproxima muito o autônomo do empregado.

Daí os empresários terem tentado obter apoio na Lei n. 13.457/17.

Crê-se que não exista outro ambiente em que a realidade destoa mais da formalidade do que este.

Não se pode garantir a pretendida independência até porque a necessidade do empreendimento econômico moderno reclama uma supervisão do trabalho humano, uma integração do trabalhador ao sistema produtivo, muito próxima daquela exigida do empregado.

Dá-se que de certo modo subsiste um acordo de mútua conveniência; ela mantém esse *status quo* até que se rompa esse verdadeiro e silencioso acordo de cavalheiros.

É diminuto o risco que esses obreiros correm quando da realização do seu trabalho e raramente são responsabilizados.

No comum dos casos, eles se utilizam do instrumental da contratante.

Formação Acadêmica

Por vezes, o INSS contrata médicos autônomos para funcionarem como peritos administrativos ou judiciais e, então, se instala um questionamento relativo à formação universitária superior desse profissional relativo ao Código Internacional de Doenças (CID) alegado pelo examinando.

Essa formação acadêmica do médico perito suscita duas polêmicas em aberto:

a) ser esse profissional um médico perito propriamente dito; e

b) ser o médico perito um especialista na patologia alegada pelo segurado.

No âmbito do Direito Processual do Trabalho, são comuns impugnações relativas à formação do técnico judicial, como a do TST – Agravo de Instrumento em Recurso de Revista AIRR n. 1554600302002514 1554600-30.2002.5.14.0900. Data de publicação: 20.4.2007 – Apelação: APL n. 000177957.2008.8260083/SP

Acidente do trabalho. Nulidade afastada. Não é de se exigir de que o médico perito judicial tenha especialidade em ortopedia. Alegada sequela incapacitante. Prova pericial que nega a existência de comprometimento da capacidade laborativa. Sentença de improcedência mantida. Negado provimento ao recurso de apelação.

Cláudia G. Pena Nogueira, manifestando-se no Parecer CFM n. 33, de 23.3.98 (in: Proc. n. 6.505/97) ao examinar o quesito n. 2 ("É obrigatório ser especializado em medicina legal?"), respondeu: "Não, o título de especialista não é requisito para exercer qual área reconhecida como especialidade médica, mas sim para anunciá-la. Na resposta ao quesito n. 5, ela acresceu: "Em princípio, não há exigência de especialidade para que o profissional atue como perito".

O réu tem o direito de apurar o grau de formação do profissional (STF – 14º AG.REG. Na ação penal AP n. 470/MG (STF). Data de publicação: 21.9.2011.

No art. 2º da Lei n. 12.030/09, ficou claro que:

"No exercício da atividade de perícia oficial de natureza criminal, é assegurado autonomia técnica, científica e funcional, exigido concurso público, com formação acadêmica específica, para o provimento do cargo de perito oficial."

Sociedade de Advogados

No comum dos casos, o advogado é um trabalhador autônomo que presta serviços profissionais a pessoas físicas ou jurídicas; no universo jurídico poderá ser estagiário, empregado, servidor, um tipo de dirigente etc.

A lei básica do exercício da atividade profissional é o Estatuto da Advocacia (Lei n. 8.906/94). Ela foi significativamente alterada pela Lei n. 13.147/16, que dispôs sobre a sociedade e a individualidade dos advogados.

Nas sociedades, somente advogados inscritos na OAB podem fazer parte na condição de sócios.

Diz a nova redação do art. 15 do Estatuto da Advocacia:

"Os advogados podem reunir-se em sociedade simples de prestação de serviços de advocacia ou constituir sociedade unipessoal de advocacia, na forma disciplinada nesta Lei e no regulamento geral."

A menção a sociedade simples pretende não identificá-las com sociedades empresariais.

No seu § 1º fica claro que essas duas figuras são de pessoas jurídicas.

"A sociedade de advogados e a sociedade unipessoal de advocacia adquirem personalidade jurídica com o registro aprovado dos seus atos constitutivos no Conselho Seccional da OAB em cuja base territorial tiver sede."

Sociedade unipessoal

A Empresa Individual de Responsabilidade Limitada (EIRELI) que constitui a sociedade unipessoal, foi criada para tornar possível o ingresso no sistema do Supersimples, do qual faria parte.

"A denominação da sociedade unipessoal de advocacia deve ser obrigatoriamente formada pelo nome do seu titular, completo ou parcial, com a expressão 'Sociedade Individual de Advocacia.'" (§ 4º)

O ingresso dessa empresa atípica no Supersimples é polêmica e ainda não está resolvida. Para Welton Máximo, isso não seria possível conforme defende em seu artigo "Os advogados não poderão ser incluídos no Supersimples", in: *EBC — Agência Brasil*.

Para Luiz Gustavo A. S. Bichara e Felipe Santa Cruz, a liminar de Brasília foi uma vitória dos advogados ("Inclusão da sociedade unipessoal no supersimples é conquista da advocacia", in: *Consultor Jurídico*).

Consultada pela OAB, a Receita Federal do Brasil não acolheu a tese de inclusão, enquanto a LC n. 123/06, criadora do Supersimples não for alterada.

A OAB ingressou com ação na 5ª Vara Federal do Distrito Federal e obteve uma liminar expedida pela Juíza Daiana Wanderley da Silva que autorizou a prática desse regime exacional.

O certo é que essa pessoa jurídica não estaria obrigada aos 20% da parte patronal quando contratar autônomos.

Liame Laboral do Advogado

No que tange a esse dissídio específico, um dos maiores óbices obstaculizadores da análise científica de um Juiz do Trabalho consiste em apreciar as alegações, citações e provas apresentadas por um profissional do direito que, contratado como autônomo por uma empresa, se julga dela empregado.

Claramente, esse esforço mental, designado como trabalho intelectual do advogado pela sua natureza técnica, dificulta significativamente apuração de um cenário que, aos poucos, conforme narrado pelas partes, se esvai pelos dedos do magistrado.

Neste caso, as diferenças entre a independência e a subordinação são muito tênues, não havendo uma linha divisória tão evidente; é bastante fácil errar porque o cenário é um tanto difuso.

O trabalho dos advogados é altamente técnico, ele se serve de instrumentos intelectuais, entre os quais sua criatividade o distingue de outros profissionais liberais. Até porque ele tem alguma subordinação e alguma independência, misturadas um tanto difícil de expor qual desses elementos da relação é o prevalecente.

É comum o juiz comparar lado a lado, ponderadamente, os diferentes aspectos da definição do empregado e do autônomo. Caso resultem um empate ou sobrevindo uma dúvida de difícil solução, ele escolhe um desses elementos para definir de que tipo de contrato subsiste ali nos autos.

O objetivo da contratação é buscar a verdade judicial e o contratante obter êxito na ação, o que é *ab initio* praticamente pressuposto. Em seguida, nesse momento se não urdidas restrições a esse ou aquele procedimento, fica a critério do profissional escolher o *modus operandi*.

No mínimo, entre outros, terá de definir:

a) oportunidade da medida;

b) legitimidade *ad causam*;

c) sujeito passivo da ação;

d) valor causa;

e) ausência da prescrição;

f) juízo competente;

g) tipo de ação;

h) natureza do pedido etc.

Esses são elementos mínimos de sua atribuição e que, no comum dos casos, não se cinge a negociação com contratante.

Iniciada a ação, são tantos os atos e percalços jurídicos adjetivos e tomadas de posição em que, então possivelmente, diante das novidades supervenientes convém consultar o contratante.

Em seu relatório (RO n. 0010337-95.2015.5.03.0169), quando do julgamento de uma reclamação trabalhista, a juíza Cristiana Maria Valadares Fenelon teceu considerações que, ainda que não se concorde com todas elas, merecem ser reproduzidas ou comentadas (acórdão da 7ª Turma de 5.11.2015, in: *Supl. de Jurisp. LTr*, n. 6/16).

Inicialmente, ela assevera:

"Quando a reclamada admite a prestação de serviços, atribuindo-lhe, porém, feição diversa da relação de emprego, atrai para si o ônus da prova, nos termos dos arts. 818 da CLT e 333, II, do CPC. E, uma vez demonstrados os elementos que levam a convicção de trabalho nos moldes previstos no art. 3º, da CLT, afasta-se a hipótese de trabalho autônomo."

Com isso, nesse caso, a juíza pressupôs que, em decorrência da simples prestação de serviços, se obriga a empresa a se defender da alegação levantada nos autos.

Depois acrescenta:

"Deve ser recordado que a hipótese diz respeito a trabalho intelectual, circunstância que dilui a subordinação jurídica exatamente em razão da maior iniciativa pessoal do trabalhador, que detém domínio técnico sobre a área onde presta serviços, emergindo, nesse caso, a subordinação técnica invertida, na qual o empregado detém *know how* que o empregador não possui."

Para ela, ainda uma vez a sofisticação técnica da atividade indicaria um ponto de vista favorável ao reclamante.

Adiante, a juíza reafirma a independência do profissional.

"O trabalhador intelectual executa atividade que pressupõe uma cultura científica ou artística e o trabalho por ele exercido pode reunir os pressupostos do art. 3º da CLT ou desenvolver-se autonomamente."

Bem, nesse sentido não desfez a dúvida.

De forma lapidar assegura:

"O simples fato de ser exercido o trabalho intelectual não tem o condão de descaracterizar o vínculo empregatício, o qual consubstancia-se na exteriorização e desenvolvimento de atividade executada por uma pessoa em prol de outrem."

Em si mesmo, aparentemente, a destinação do serviço não seria indicativa do enquadramento do trabalhador.

Possivelmente sem coincidência com a concepção científica, recorda a ideia da subordinação estrutural, confirma:

"A subordinação exigida para caracterização da relação de emprego é jurídica e não econômica, intelectual ou social e traduz critério disciplinar da organização do trabalho. E essa situação ocorre quando o empregado, trabalhador intelectual, fica obrigado a acatar diretivas do empregador acerca da prestação de serviços, bem como ao poder disciplinar cujo exercício é restrito a este último. No caso, o simples fato de o preposto admitir que a autora estava obrigada a comparecimento diário bem demonstra a subordinação jurídica, especialmente se também foi admitido que ela deveria seguir as ordens da matriz. As duas informações traduzem confissão expressa a respeito da subordinação jurídica."

Não confirmamos que a obrigação de comparecer diariamente seria decisiva para definir a pessoa como empregado; pode, isso sim, ser um dos elementos da decantação do quadro jurídico.

A análise anterior dizia respeito à participação continuada de um advogado em favor de uma empresa. Agora, cuida-se da emissão de um parecer que essa participação é pontual. Tal cenário, de imediato, indica a presença de um obreiro independente.

Manifestando-se no Reg. RO-0000419-81.2014.5.03.0014 a juiza convocada Sabrina de Faria F. Leão, da 7ª Turma do TRT da 3ª Região (*Supl. de Jurisp. LTr*, n. 7/16, p. 56) destaca em seu voto:

"Em se tratando de advogado, a obrigação da existência da subordinação deve considerada mitigação/atenuação desse pressuposto, não sendo necessária a constatação da subordinação em seu conceito clássico, que se traduz no acolhimento integral, Involuntário e tenaz das ordens/ diretivas do empregador quanto ao modo de prestação de serviços. Isso porque se trata de trabalho intelectual, cujo operador detém conhecimento técnico-especializado quanto a presta de serviços, que é qualificada, por sua própria natureza, pela isenção técnica e independência profissional inerente a advocacia (art. 18 da Lei n. 8.906/1994 sendo mais tênue, em regra, o grau de sujeição/dependência em relação as ordens patronais. Nesses casos há que se recorrer, sobretudo, a dimensão integral da subordinação, pautada pela sua feição objetiva, qual o obreiro acolhe, estruturalmente, em face de inserção no ciclo produtivo do empregador, a dinâmica patronal de organização e funcionamento."

Essa independência e não subordinação é avultada quando da contratação em face da existência de dois tipos de pareceres encomendados — a) quando a opinião do parecerista coincide com a do contratante; e b) espontâneo, quando o parecerista responde a uma consulta e necessariamente não corresponde ao ponto de vista do contratante.

Defensoria Pública

A legislação prevê a prestação de assistência jurídica gratuita a cidadãos que não podem pagar advogado sem prejuízo do sustento próprio ou de sua família.

A Defensoria Pública pode:

1) entrar com ações na Justiça para defesa de direitos;

2) atuar em processos em andamento;

3) defender os direitos de pessoas processadas;

4) promover acordos e conciliações entre pessoas em conflito para evitar processo na Justiça.

A Defensoria Pública é uma instituição pública cuja função está prevista na Constituição Federal, como expressão e instrumento do regime democrático, visa oferecer aos cidadãos necessitados, de forma integral e gratuita, a orientação jurídica, a promoção dos direitos humanos e a defesa, em todos os graus, judicial e extrajudicial, dos direitos individuais e coletivos.

A Constituição Federal de 1988 criou um modelo nacional de assistência jurídica integral e gratuita ao estabelecer a Defensoria Pública como instituição essencial à função jurisdicional do Estado, ao lado do Ministério Público, da Advocacia Pública e da Advocacia.

A EC n. 45/04 promoveu uma ampla reforma no sistema do Judiciário brasileiro, garantiu às Defensorias Públicas Estaduais autonomia funcional e administrativa, assim como iniciativa para sua proposta orçamentária dentro dos limites estabelecidos na lei de diretrizes orçamentárias, assegurando tratamento equiparado ao da magistratura e do Ministério Público.

A EC n. 80/14 aplica o art. 93 da Constituição também às Defensorias, estendendo à instituição a iniciativa de lei para criação de cargos e fixação de remuneração, além da equiparação constitucional em relação à política remuneratória das carreiras da magistratura e do Ministério Público. O texto deixa claro que confere à Defensoria Pública a defesa dos direitos individuais e coletivos, em todos os graus, judicial e extrajudicial, de forma integral e gratuita.

Essa EC n. 80/14 também estabeleceu prazo de oito anos para que a União, os Estados e o Distrito Federal garantam que todas as unidades jurisdicionais do país contem com defensores públicos, atendendo prioritariamente às regiões com maiores índices de exclusão social e adensamento populacional.

Por meio do convênio, advogados inscritos em todo o Estado passaram a ser nomeados para prestar o serviço à população carente em locais onde não houvesse procuradores ou houvesse em quantidade insuficiente.

O convênio de assistência judiciária existe até hoje e é mantido entre a OAB/SP e a Defensoria Pública paulista. Os advogados inscritos no convênio mantêm o serviço de assistência judiciária nos locais do Estado em que ainda não há defensores públicos ou sua quantidade é insuficiente.

As regras sobre atendimento e sua denegação, assim como recursos contra sua recusa, estão previstas na Resolução n. 89/08 do Conselho Superior da Defensoria Pública do Estado de São Paulo.

A Defensoria Pública estadual atua em casos de acidentes de trabalho, mas não em ações trabalhistas e benefícios previdenciários, como aposentadoria.

Os defensores públicos são profissionais formados em direito e aprovados em concurso público para ingresso na carreira, composto de três provas escritas e uma prova oral.

Eles possuem prerrogativas legais, como independência funcional, acesso irrestrito a estabelecimentos prisionais e de internação de adolescentes, o poder de requisitar documentos a órgãos públicos, e o exame de autos sem procuração e solicitação de auxílio de demais autoridades para o desempenho de suas funções, entre outros.

Justiça Competente

Quando de um dissídio envolvendo um autônomo e outro autônomo ou com uma pessoa jurídica contratante dos seus serviços, que não disser respeito à pretensão de um possível vínculo empregatício, a Justiça Estadual é competente para tentar dirimi-lo.

A regência básica e fonte formal é o Código Civil.

Se o conflito se der entre esse autônomo e o INSS (em matéria de prestações) e a Receita Federal do Brasil (em matéria de contribuições), a ação tramitará na Justiça Federal, devido à presença da União, invocando-se como fonte formal básica as Leis ns. 8.213/91 e 8.212/91, o Decreto n. 3.048/99 e a IN RFB n. 971/09.

Entretanto, se uma pessoa se julgar um empregado da empresa para a qual venha prestando serviços na condição de autônomo e ingressar com ação no Poder Judiciário visando o reconhecimento do vínculo empregatício, o órgão judicial competente é a Justiça do Trabalho.

A fonte formal fundamental será o art. 3º da CLT.

Sociedade Fática

Tanto quanto ocorre com médicos autorizados a praticar intervenções em seus pacientes nos hospitais, no universo da prestação de serviços, presencia-se uma antiquíssima figura de um empreendimento em que contribuintes individuais independentes (empresários e autônomos), trabalhando juntos e alinhados coordenadamente, num mesmo espaço físico, sob um tipo de vínculo fático próximo da relação empregatícia, prestam serviços para os seus clientes, sem se constituir em uma sociedade limitada.

Na condição de autônomos, são autorizados a oferecerem os seus préstimos remunerados, por conta própria, executando trabalhos pessoais para os seus clientes e por conta própria em ambiente laboral de terceiros geralmente para um titular de firma individual, sem prejuízo de poder ser para uma sociedade limitada.

Essa atividade já foi consagrada em barbearias e é ainda é utilizada em pequenas oficinas mecânicas.

O dono do empreendimento, geralmente um mecânico experimentado, até a Lei n. 9.876/99 designado como empresário, que pode ou não ter empregados registrados, permite que um ou mais autônomos exercitem a atividade de funilaria ou pintura em veículos trazidos para conserto (mediante o pagamento de uma parcela dos honorários convencionados com o proprietário de um veículo acidentado).

Nesse exemplo dado, geralmente o titular cuida da parte mecânica e os autônomos da funilaria e da pintura.

De regra, geralmente os instrumentos de trabalho pertencem ao dono da firma (o que afetaria a independência do autônomo), mas o contratante não interfere pessoalmente na realização dos serviços ajustados nem tem responsabilidade civil a respeito da relação combinada entre o trabalhador autônomo e o seu cliente.

Teoricamente inexistiria subordinação entre essas três pessoas, presente somente uma coordenação técnica que permite a realização a contento das diferentes tarefas.

O funileiro começará a funcionar logo que o mecânico executar o seu trabalho. O pintor pintará depois que o funileiro terminar o seu serviço.

Com o decurso do tempo, pode essa conjugação compartilhada de atividades pessoais resultar em uma sociedade limitada: os dois autônomos tornarem-se sócios do empreendimento, dividindo os lucros. Até mesmo do autônomo se tornar empregado.

Imposto Sobre Serviços

O autônomo está sujeito ao Imposto Sobre Serviços de Qualquer Natureza (ISS), uma exação municipal de quem executa uma as atividades de prestação de serviços contempladas na LC n. 116/03.

De regra o serviço considera-se prestado no local do estabelecimento do prestador ou na falta do estabelecimento, no local do domicílio do prestador.

A EC n. 37/02, estabeleceu a alíquota mínima do ISS em 2%.

A alíquota máxima foi fixada em 5% pelo art. 8º, II, da LC n. 116/03.

A lista de serviços prestados sujeitos ao ISS é um anexo da LC n. 116/03.

Quando da contratação, pode dar-se de o autônomo concorda com a retenção desse tributo por parte do contratante em seu nome.

54

Desconfiguração da Pessoa Jurídica

A partir do momento que surgiu a figura designada como pejotização, uma significativa polêmica se estabeleceu em razão da origem espúria de muitas pessoas juridicas emergentes no mercado de trabalho.

Por vezes, inspiradas, incentivadas e financiadas por empresas, grupos de empregados se associaram numa pessoa jurídica, conhecida como pejota, empresa prestadora de serviços, e contiuaram trabalhando como antes, individualmente preenchendo os requisitos do art. 3º da CLT.

Em muitos casos, quando solicitada a se manifestar a Justiça do Trabalho desconfigurou esse cenário e restabeleceu o vínculo empregatício de cada um dos paticipantes da sociedade limitada.

O instituto dessa desconfiguração é recente no direito trabalhista e previdenciário, embora objeto de vários estudos doutrinários de relevo, como é o caso do "Incidência da desconfiguração da personalidade jurídica", de Ana Maria Camilia, in: *LEX Magister — Newsletter*, n. 2.937.

Ab initio vale considerar que em si mesma e gerada com legitimidade a personalidade jurídica é uma instituição consagrada no Direito Civil, respeitada tecnicamente e que não proporciona facilidades para quem pretenda desfazê-la.

O que interessa estudar são as reuniões de autônomos que se apresentam como pessoas jurídicas constituídas formalmente e que prestam serviços para empresas, desobrigadas das obrigações fiscais. Nas mesmas condições anteriores. Possivelmente, com a deliberada intenção da contratante de se verem livres dos 20% patronais.

Segundo Giselda M. F. Novaes Hironaka, a existência da pessoa jurídica se justifica pela segurança fornecida pela separação patrimonial entre o capital da empresa e o patrimônio das pessoas que a constituem, segurança esta que fomenta investimentos em atividades empresariais.

Contudo, ela afirma enfaticamente, essa situação privilegiada, com finalidade de fomentar o desenvolvimento econômico, não pode ser usada para possibilitar abusos, tal qual se verifica quando a pessoa jurídica não é utilizada para a atividade às quais se destina, mas para outras finalidades; ou se seu patrimônio estiver em situação fática, confundindo-se, misturando-se, com o patrimônio particular das pessoas físicas que a constituem.

Existem na doutrina as teorias maior e menor da desconsideração da personalidade jurídica.

O art. 50 do Código Civil fornece dois requisitos para a desconsideração da personalidade jurídica: abuso de personalidade jurídica, caracterizado pelo desvio de finalidade ou confusão patrimonial.

Código de Defesa do Consumidor

Pontua o art. 28 do CDC:

"O juiz poderá desconsiderar a personalidade jurídica da sociedade quando, em detrimento do consumidor, houver abuso de direito, excesso de poder, infração da lei, fato ou ato ilícito ou violação dos estatutos ou contrato social. A desconsideração também será efetivada quando houver falência, estado de insolvência, encerramento ou inatividade da pessoa jurídica provocados por má administração.

§ 1º (Vetado).

§ 2º As sociedades integrantes dos grupos societários e as sociedades controladas, são subsidiariamente responsáveis pelas obrigações decorrentes deste código.

§ 3º As sociedades consorciadas são solidariamente responsáveis pelas obrigações decorrentes deste código.

§ 4º As sociedades coligadas só responderão por culpa.

§ 5º Também poderá ser desconsiderada a pessoa jurídica sempre que sua personalidade for, de alguma forma, obstáculo ao ressarcimento de prejuízos causados aos consumidores."

Código de Processo Civil

Diz o art. 133 do CPC:

"O incidente de desconsideração da personalidade jurídica será instaurado a pedido da parte ou do Ministério Público, quando lhe couber intervir no processo.

§ 1º O pedido de desconsideração da personalidade jurídica observará os pressupostos previstos em lei.

§ 2º Aplica-se o disposto neste Capítulo à hipótese de desconsideração inversa da personalidade jurídica."

A título de conclusão

Se os sócios de uma pessoa jurídica se comportam como verdadeiros autônomos (e até como empregados) na prestação de serviços, a Receita Federal do Brasil poderá tentar a desconfiguração da pessoa jurídica.

Também poderá entender a presença de autônomos trabalhando individualmente, na condição de verdadeiros empregados e reclamar a contribuição securitária mediante Notificação Fiscal.

Isso pode ser dar por variados motivos:

a) ato constitutivo destoante da realidade operacional;

b) emissão de documento fiscal de pessoa física;

c) deliberada intenção de fraude o fisco; e

d) comportamento de empregado.

O Ministro Raul Araujo, da 4ª Turma do STJ no RESP 1473782, responsabilizou os sócios de uma sociedade limitada que encerrou atividades.

Órgãos de Controle Profissional

Órgãos de controle profissional são organizações privadas auxiliares do Estado que disciplinam a conduta dos trabalhadores filiados, normalmente de ocupações oficialmente regulamentadas, entre as quais estão os profissionais liberais.

Funcionam como autarquias. Na verdade, são ONGs reconhecidas pelo Governo Federal e que monitoram o exercício de certas profissões em razão de sua relevância social.

São antiquíssimas, tradicionais e, em muitos casos, cumprem papel especial na condução da coisa pública, nesse sentido, assemelhando-se aos partidos políticos. Por isso merecem o respeito da coletividade.

a) Representação dos filiados

Esses organismos paraestatais, têm permissão constitucional para representar os seus filiados em diferentes ações, públicas e privadas e, enfaticamente no Poder Judiciário, fato bastante comum.

b) Controle do exercício profissional

Substituindo o papel do Estado, o que lhes confere a condição de co-partícipes delegados da Administração Pública autorizam e desautorizam o exercício da profissão e, ao mesmo tempo, fiscalizam essa atuação, podendo fixar sanções as condutas dos filiados que destoem do estatuto da profissão.

Isso interessa em particular, quando é condição para que sejam considerados autônomos; vale recordar que um profissional que exerça realmente um desses ofícios sem a devida autorização ou após perdê-la, não se desconfigura como segurado.

Não cabe ao INSS verificar a atividade profissional, exceto quando estabelecido na lei, que é caso de o emissor do LTCAT ter de ser um médico do trabalho ou engenheiro de segurança habilitado. Todavia, diante do livre convencimento de um juiz, neste caso, ele poderá sopesar a realidade técnica comprovada no referido documento ainda que emitido por quem não poderia fazê-lo.

c) Fundo de pensão associativo

De acordo com a LC n. 109/01, esses órgãos têm a iniciativa legal de instituir um fundo de pensão de previdência fechada associativa exclusivamente para a categoria, como é o caso da OABPrev.

d) Orientação dos filiados

Têm por escopo manter os filiados cônscios dos seus deveres e direitos no que tange ao exercício da atividade profissional.

e) Aperfeiçoamento profissional

Comumente mantêm cursos de aperfeiçoamento profissional como é o caso da ESA/OAB, frequentemente organizam reuniões, mesas redondas, jornadas, seminários e congressos em todo o país.

f) Assistência social

Prestam serviços de assistência social aos filiados, firmando convênios, obtendo descontos na aquisição de produto, caso da CAASP.

g) Contribuições dos filiados

Para a sua manutenção, exigem anuidades dos seus filiados, sendo consideradas exações tributárias (RESP n. 928.272/PR).

h) Manifestações políticas

Devido ao seu papel institucional manifestam-se em questões relevantes que ultrapassa o seu campo de atuação quando relevantes.

i) Carteira de identidade

Emitem identificação dos filiados, documento reconhecido nacionalmente para várias finalidades.

j) Poder de polícia

Na condição de verdadeiras autarquias fáticas, detém poder de polícia em relação aos seus filiados. Não podem multar os não filiados (decisão da 3ª Turma do TRF da 3ª Região na AC n. 0013631.73.2010.4.03.6100/SP)

k) TCU

Os seus atos são fiscalizados pelo TCU.

l) Eleições dos dirigentes

Podem escolher democraticamente os seus dirigentes por meio de eleições periódicas.

m) Exame de ordem

Costumam exigir exame preambular para o exercício da profissão.

Diz o art. 44, I, da Lei n. 8.906/94.

"A Ordem dos Advogados do Brasil (OAB), *serviço público*, tem o relevante papel de defender a Carta Magna... (grifos nossos)

A sua existência, natureza jurídica e funcionamento são polêmicas, convido ver a retreta de Felipe Nogueira Fernandes em "A criação de conselhos a profissionais e a delegação de atividades de fiscalização de profissões regulamentadas." (in: <http://www.JUS.com.br>)

A partir da Carta Magna de 1988, não se autoriza esse papel, exceto ao serviço público. O STF considerou inconstitucional o art. 58 da Lei n. 9.649/98 (ADIn n. 1.717).

No tocante à distinção, em o advogado ser empregado ou autônomo, convém reproduzir que diz o art. 18 da Lei n. 8.906/94:

"A relação de emprego, na qualidade de advogado, não retira a isenção técnica nem reduz a independência profissional inerente à advocacia".

Direitos Laborais

O trabalhador autônomo não é empregado. Pelo menos, o verdadeiro autônomo. Do ponto de vista teórico, o vínculo jurídico entre uma empresa e esse obreiro é diferente da relação empregatícia.

Na prática, isso pode não ser verdade e a relação decorrer de uma simples conveniência das duas partes contratantes.

Em algumas hipóteses, a pessoa física aceita ser admitido como tal para não perder a fonte de trabalho e a renda derivada, gozar de certa independência ou liberdade e em razão dos honorários e até do *status* social.

Noutros casos, devido aos laços de amizade ou parentesco, jamais reclamariam o vínculo empregatício.

Muito comumente, acolhe postar-se na condição de um quase empregado por lhe faltar outra opção.

É um engodo pensar que com honorários superiores aos salários dos empregados, isso possa substituir a ausência do FGTS, 13º salário, férias anuais e outros direitos trabalhistas.

Seus deveres e direitos contratuais estão contemplados no Código Civil e não são de ordem trabalhista. Partem de uma presunção equivocada do atual legislador de que todos eles sejam independentes.

O conceito provém remotamente do art. 2º, § 1º, a, do Decreto-lei n. 2.122/40 (criação do IAPC) e do art. 4º, "d", da Lei n. 3.807/60 (LOPS).

Reconhecendo essa diversidade, no decurso da história, muito lentamente vem lhe cometidos direitos insitamente laborais distintos dos civis.

Prova disso é o enorme número de reclamações trabalhistas vitoriosas em que é reconhecido o vínculo empregatício de quem trabalhava como um pseudo autônomo.

Claro está que esse entendimento não se aplica aos profissionais liberais ou a trabalhadores realmente independentes por força de sua especialização, notabilidade ou importância social, entre os quais estão os artistas.

Nesse sentido, é uma pena que a maioria dos comentaristas não saiba distinguir as diferenças entre autônomo e profissional liberal.

Autônomo é um gênero; profissional liberal é uma simples espécie, distinguida pelo destaque da profissão, caso dos médicos, advogados, engenheiros ou ocupantes de profissões regulamentadas.

A lei não estabeleceu essa distinção e a construção doutrinária é frágil. Basta ver a importância política, institucional e organizacional que detém os órgãos de controle profissional desses ofícios.

Dentro do empreendimento e envolvido pelas necessidades do sistema produtivo, a proximidade do autônomo com o empregado inevitavelmente lhe subtrairá vários elementos de sua conceituação.

Como o vínculo laboral de prestação de serviços que lhe é oferecido, na prática, é um contrato de adesão condicionante da contratação, sem lhe propiciar muita negociação.

O conjunto de normas trabalhistas de proteção do empregado é muito maior que a do autônomo, um desequilíbrio raras vezes abordado pelos estudiosos do mundo laboral; se esquecem da relevância do trabalho, por assim dizer, independente, como se fosse uma relação meramente civilista.

Insitamente autônomos e empregados são trabalhadores. A distinção institucional é uma convenção histórica que vai se desfazendo ao longo da evolução das relações trabalhistas.

Exemplificativamente, é destituído de sentido não haver proteção acidentária para os autônomos, enquanto a dos empregados perdura há quase 100 anos (Decreto Legislativo n. 3.724/1919).

Qual seria a diferença existente entre um taxista autônomo que leva um empregado ao serviço, em caso de acidente automobilístico em que ambos se feriram?

Como aceitar, agora que um autônomo poderá trabalhar para a uma empresa por 35 anos seguidos e tenha dificuldades de usufruir descansos anuais?

Por que motivo o legislador pátrio insiste em que o período de carência do autônomo, se ele não causa prejuízo ao erário previdenciária em razão da multa e dos juros, seja contado a partir do primeiro recolhimento em dia? O art. 27, II, da Lei n. 8.213/91 é um anacronismo indesculpável.

Defendemos a tese segundo a qual dos direitos fundamentais dos trabalhadores devam ser estendidos aos autônomos, entre os quais e especialmente a validade das convenções e acordos coletivos.

Daí, diante da liberdade constitucional de trabalhar e ajustem condições de trabalho não vemos empecilho em que o autônomo e a empresa acordem com cláusulas protetivas laborais para o autônomo (sem que isso desconfigure a relação jurídica, obviamente uma vez que não ofenda o art. 3º da CLT).

57

Jornada de Trabalho

Embora se possa tomar como paradigma a jornada dos empregados ou a do funcionamento do setor específico de um empreendimento, a jornada de trabalho do autônomo quando da contratação por parte de uma empresa resulta da negociação entre esse segurado e o tomador da sua mão de obra constante do acordo civil de trabalho.

Se apenas atende clientes particulares em seus escritórios ou consultórios, ele é quem fixa o seu horário de trabalho.

Jornada máxima

De modo geral, considera-se que a jornada de trabalho máxima ajustada não poderia ser superior a do trabalhador regido pela CLT e que o autônomo deva descansar nos fins de semana e feriados.

Sobreaviso

Nada obsta que permaneça à disposição do contratante nos casos em que isso couber.

Descanso diário

Também fará jus ao descanso diário para as refeições.

Jornada dos médicos

Conforme art. 8º, "*a*", da Lei n. 3.999/61:

"'A duração normal do trabalho [para médicos] será de, no mínimo de duas horas e no máximo de quatro horas diárias', o que equivale dizer que, no serviço privado, 20 horas semanais já podem ser consideradas como 'período integral.'"

Sobre horas extras diz Súmula TST n. 370:

"Tendo em vista que as Leis ns. 3.999/1961 e 4.950-A/1966 não estipulam a jornada reduzida, mas apenas estabelecem o salário mínimo da categoria para uma jornada de 4 horas para os médicos e de 6 horas para os engenheiros, não há que se falar em horas extras, salvo as excedentes à oitava, desde que seja respeitado o salário mínimo/horário das categorias."

Médico plantonista

A jornada de trabalho dos médicos é distinta. Não existem horas extras após 8 horas de trabalho no plantão médico (Acórdão da 2ª Turma do TRT da 6ª Região, Juiz Celso Moredo Garcia, em decisão de 10.5.2016, in: *Supl. de Jurisp. LTr*, n. 29/16, p. 228).

Médico do Trabalho

A NR-4, em seu item 4.9 reza:

"o engenheiro de segurança do trabalho, o médico do trabalho e o enfermeiro do trabalho deverão dedicar, no mínimo, 3 (três) horas (tempo parcial) ou 6 (seis) horas (tempo integral) por dia para as atividades dos Serviços Especializados em Engenharia de Segurança e em Medicina do Trabalho (SESMT)."

Médico do Trabalho servidor público

No serviço público, a carga horária dos Médicos do Trabalho, na maioria dos casos é de 8h/dia, o que equivale a 40 horas semanais.

Médico do Trabalho autônomo

O proprietário de uma clinica médica irá variar e poderá ser igual a dos empregados comuns, embora seja ele que a estabeleça.

Período de Carência

A carência é uma característica do seguro social, imposição atuarial, não confundível com tempo de serviço, utilizada a expressão com alguns significados.

Conceito de carência

Define-se como um número mínimo de contribuições vertidas ou presumidamente recolhidas. Período de carência, o decurso de lapso de tempo associado a contribuições periódicas, devidas ou vertidas, exigidas como condição para a definição do direito a determinado benefício.

Para caracterizar este último, o evento deflagrador da prestação tem de sobrevir depois. Isto é, no mês ou meses seguintes supervenientes à integralização do mencionado período contributivo.

Assim, exemplificativamente, autônomo "incapacitado para o seu trabalho ou para a sua atividade habitual por mais de 15 (quinze) dias consecutivos" (PBPS, art. 59), por doença ou enfermidade não acidentária, antes de completar 12 contribuições, não tem direito ao auxílio-doença (PBPS, arts. 25, I, e 59).

Tal período calcula-se mediante contribuições e não por intermédio de meses. Destarte — em hipótese extremada, para fixar o raciocínio —, autônomo filiado em 31/1 (primeira contribuição mensal), filiado de fevereiro a novembro (dez contribuições mensais), e demitido em 1/12 (última contribuição mensal), com cerca de 300 dias de trabalho, portanto, aproximadamente dez meses de serviço, soma 12 contribuições.

O interregno em tela não tem de ser consecutivo, podendo-se adicionar dois ou mais períodos de filiação, caso sejam separados por período inferior ao do prazo de perda da qualidade de segurado (PBPS, art. 15). Diferentes tempos não concomitantes serão somados para completá-lo.

A carência tem de ser evidenciada ao órgão gestor, quando do requerimento e não pode ser presumida, salvo raras exceções. O ônus da prova é do beneficiário.

Posicionamento sequencial

Na sequência contínua de longo período de trabalho, em princípio, a carência se posta no início da relação previdenciária, mas é apreensível em qualquer momento. Se o segurado apresenta, consecutivamente, vários períodos de filiação (v. g., sucessivos empregos, sem perder a qualidade), a carência consubstanciada num primeiro vínculo empregatício passa para o seguinte, caso o anterior, por qualquer motivo seja impugnado ou não provado.

O comum e o mais fácil é considerá-la hodiernamente, isto é, nas proximidades do pedido de benefício.

Contribuições anteriores à perda da qualidade

A Súmula da Turma Recursal do TRF de São Paulo n. 31 diz:

"O recolhimento de 1/3 (um terço) do número de contribuições relativo à carência do benefício pretendido, permite a contagem de todas as contribuições anteriores, ainda que correspondente a períodos descontínuos."

Em razão da Lei n. 10.666/03, bastante esclarecedora, esta Súmula suscita quatro questões relevantes:

a) conceito do período de carência de cada benefício;

b) consequências da perda da qualidade de segurado antes e depois dessa lei;

c) contribuições anteriores a tal ocorrência; e

d) períodos descontínuos.

Partindo-se do período de carência de cada benefício constante do PBPS, é preciso avaliar a perda da qualidade de segurado depois da Lei n. 10.666/03. Antes dessa disposição, um segurado com 64,5 anos de idade e 4,5 anos de tempo de serviço, portanto, a seis meses do aperfeiçoamento do benefício, que perdesse qualidade de segurado em vez de esperar os seis meses faltantes para chegar a 65 anos, teria de contribuiu por mais 60 meses (carência em 1992).

Desde a Lei n. 10.666/03, as contribuições anteriores à perda da qualidade de segurado passaram a ser consideradas, bastando que o segurado contribua com 1/3 delas. Quem estava obrigado a 15 anos, e já tinha contribuído por dez anos, bastaria pagar mais cinco anos (e não novos 180 meses, como antes dessa lei).

É preciso tomar cuidado com a carência permanente (de regra de 15 anos para os benefícios previsíveis de pagamento continuado) com a carência transitória prevista no art. 142 do PBPS.

A Súmula explicita que os períodos anteriores podem ser contínuos e descontínuos. Neste caso, acompanhando o parágrafo único do art. 24, está ofendendo o princípio da irretroatividade e a regra do *tempus regit actum*.

Aposentadoria por idade

Tratando especificamente da aposentadoria por idade, diz o art. 30 do Estatuto do Idoso:

"A perda da qualidade de segurado não será considerada para a concessão da aposentadoria por idade, desde que a pessoa conte com, no mínimo, o tempo de contribuição correspondente ao exigido para efeito de carência na data de requerimento do benefício."

Esse entendimento inédito quebra a regra tradicional da concomitância dos requisitos, de modo que, no passado, se alguém contribuiu o mínimo necessário, perdeu a qualidade de segurado e depois veio a completar a idade mínima, fará jus ao benefício.

Se o segurado não tiver contribuições depois de julho de 1994, a renda mensal inicial será o salário mínimo (art. 30, parágrafo único). No caso de ter havido aportes mensais submeter-se-á às regras do art. 29 do PBPS fixadas na Lei n. 9.876/99.

Integralização do período

Carência é exigida de segurado obrigatório ou facultativo e pode ser completada com contribuições relativas à condição de uma ou de outra dessas duas filiações. Requisito normalmente reclamado do segurado e, também, conforme a norma vigente, do dependente.

De modo geral, como antecipado, contribuições devidas (não necessariamente recolhidas pelo servidor, empregado, temporário, avulso ou doméstico — contribuintes sujeitos a desconto) ou vertidas (pelo empresário, autônomo, eventual, eclesiástico ou facultativo — contribuintes individuais).

Os aportes das primeiras pessoas citadas são presumidos (PCSS, art. 33, § 5º), e os das seguintes têm de ser demonstrados com as guias de recolhimento. Parcelados, por meio de cópia do acordo de parcelamento e confissão de dívida fiscal. Enquanto não convertidos em pagamento, não valem os valores incluídos em depósito administrativo ou judicial, bem como os legalmente restituídos ou compensados.

Os contidos em Notificação Fiscal, enquanto não dirimida a questão, somente se forem pagos. Não recolhidos por incobráveis, podem ser tidos como presentes, descontados no benefício.

Salvo exceção em detrimento do autônomo, como se verá adiante, são as contribuições pagas em dia ou em atraso.

Constituída de contribuições e não se confundindo com o tempo de serviço (em que é válida a extensão logo referida), o período não pode ser ampliado por conversão de tempo de serviço (como acontece com a atividade especial).

Assim, 120 meses de atividade perigosa, penosa ou insalubre, para fins de aposentadoria por tempo de serviço, seriam transformados em 168 meses, mas continuam sendo dez anos para a carência.

O tempo de fruição do auxílio-doença e da aposentadoria por invalidez (PBPS, art. 55, II) é contado para a aposentadoria por tempo de serviço, mas nessa hipótese, ausentes as contribuições ele não se presta para a carência.

De regra, pagamentos relacionados com o regime estudado (*v. g.*, RGPS, RPPS, IPC, etc.), mas quando a lei generaliza e não particulariza (PBPS, art. 94), à vista da compensação financeira (PBPS, art. 94, parágrafo único), significa poder computar pagamentos operados em outros regimes.

Contribuições descontadas de servidor complementam as da iniciativa privada para integralizá-la, valendo o raciocínio mesmo quando ele não estava obrigado à dedução nos vencimentos.

O acerto de contas pressupõe o desembolso da parte individual e patronal (*in casu*, ambas assumidas pelo ente político).

Vale o período de inscrição, mas também o de filiação; se posteriormente, o segurado prova ter exercido atividade caracterizadora de filiação, anteriormente à inscrição, efetuados os recolhimentos, eles são úteis para a carência.

Dependendo do disposto em cada Acordo Internacional, será completada a carência com as contribuições nacionais e estrangeiras.

Distinções necessárias

Período de carência não se confunde com período básico de cálculo da renda mensal inicial. Naquele último, à exceção da primeira, são exigidas mensalidades inteiras, arredada a última, se fracionada, para fins do salário de benefício.

A base de medida dessa derradeira exação não faz parte da aferição do benefício. Tem eficácia tão somente para atender à exigência mínima de contribuições.

A carência é aperfeiçoável, isto é, adquirível, e também ser arredada. Exceto se o segurado, ao tempo, preenche os requisitos, isto é, tem direito adquirido, se perder a qualidade de segurado, com isso, de regra, mas não sempre, desfaz-se a carência (mas não o tempo de serviço correspondente); teria de recomeçá-la da estaca zero.

Sem razão, o Prejulgado 10.c, da Portaria MTPS n. 3.286/73, quando assevera:

"Com a perda da qualidade desaparecem todos os vínculos com a Previdência Social." (grifos nossos)

A filiação e o tempo de serviço mantêm-se imanentes, podendo ser restaurados, se recuperada a qualidade de segurado.

Carência é fundamentalmente constituída de contribuições devidas e estas, na previdência social, desde 1960, não são restituídas, mas o legislador mandava devolvê-las, sob benefício de pagamento único inominado, quando o segurado não completasse a carência (PBPS, art. 81, I).

Início do cômputo

Impropriamente, de longa data, a legislação de custeio distingue os diferentes segurados, possivelmente, dada a dificuldade material de fiscalizar algumas das categorias de trabalhadores.

Desde 1960, o autônomo foi objeto de dispositivo específico e, a contar de 25.7.1991, também o empresário, o segurado especial, o eclesiástico e até o doméstico foram igualmente atingidos (em disposição de discutível constitucionalidade).

Para esses segurados, o período de carência é contado não do mês de competência recolhido, mas da data do pagamento "da primeira contribuição sem atraso" (PBPS, art. 27, II).

Primeira, entendida, de regra, como sendo a do mês inicial de filiação, mas podendo ser outra (mantendo-se inadimplente em relação às pretéritas) e até mesmo a contemporânea.

Se o objetivo do elaborador da norma era promover a arrecadação, esse desiderato não é atingido inteiramente ao mencionar apenas a primeira contribuição. Basta recolhê-la, entrar em mora e atualizar-se somente às portas do benefício.

Direito Previdenciário

Salvo na hipótese legal de dispensa, não há como deixar de exigi-la. A norma prescinde da carência quando o bem jurídico tutelado é intenso (*v. g.*, prestações acidentárias). Elemento de definição do benefício, sem ela não subsiste o direito.

Como exceção, a Lei n. 6.383/79 (exilados).

Sua interpretação, a mesma das prestações, ou seja, extensiva, mas somente no caso de dúvida sobre matéria jurídica, cabe o *in dubio pro misero*.

Carência é exigência do cálculo atuarial. Trata-se de grandeza matemático-financeira, expressa em número de contribuições periódicas (anuais, se desejado por lei específica, caso do FUNRURAL, no passado, e, normalmente, mensais), não importando o nível de valor do aporte.

No desenvolvimento, posteriormente, impôs-se individualmente, com a previdência social administrando algumas reservas de poupança, ainda na defesa do sistema financeiro. Se os benefícios são concedidos automaticamente, sem o mencionado aporte mínimo, mantidos os atuais patamares de valor da prestação, a instituição enfrentará déficit técnico.

Cientificamente, ela preserva a natureza do seguro social: cobrir riscos previsíveis e imprevisíveis, assegurados por prévia contribuição. Assim, é ínsito à previdência social, mas não necessariamente integrante de outra técnica protetiva ou para alguns benefícios.

Nesse sentido, conforme a fortaleza do regime pode ser dispensada sistematicamente para as prestações imprevisíveis. Para isso, basta ouvir o atuário quando da fixação da alíquota e base de cálculo. Num sistema ideal, em que realizada a receita necessária, pode ser arredada para todos os benefícios.

Tem papel educativo, incentivar a contribuição e promover a arrecadação, pois exige dos protegidos o contínuo jorro de recursos, desaguando, por sua importância, no princípio constitucional da precedência do custeio (CF, art. 195, § 6º). Própria da repartição simples e no plano de tipo benefício definido, perde importância na capitalização e no plano de contribuição definida.

Impropriedade técnica

O parágrafo único do art. 24 não é inconstitucional, mas é nitidamente contrário ao ordenamento matemático do RGPS. Alguém que remotamente tenha contribuído durante oito meses, bastaria pagar quatro meses para fazer jus a um benefício por incapacidade, ignorando a correspectividade da contribuição com o valor do benefício.

Levando em conta as dificuldades técnicas de apuração da DII em certos casos, o interessado portador de doença poderia filiar-se, recolher as quatro contribuições, e alegar que foi acometido pela inaptidão depois de receber o benefício por quatro meses.

Prestações Previdenciárias

Claramente, a legislação previdenciária distingue o autônomo do empregado. Histórica e institucionalmente os seus direitos não são os mesmos (e isso carece mudar mais adiante). No sentido da cobertura individual não há o porquê de tal diferença.

Do ponto de vista da proteção social, de modo geral, o autônomo é muito semelhante ao empregado e tem praticamente as mesmas necessidades quando do evento determinante securitário.

Da mesma forma, fica incapaz para o trabalho em virtude de patologia simples ou ocupacional e até para o exercício de qualquer atividade. É vítima de impedimento biopsicossocial.

Neste capítulo são destacadas as prestações a que fazem jus.

Prestações não programadas

Atualmente, faz jus ao auxílio-doença e à aposentadoria por invalidez comum (não acidentárias).

Não tem direito ao auxílio-acidente, que é uma extensão do auxílio-doença acidentário, mas padece de sequelas como qualquer ser humano que trabalhe ou não.

Prestações programadas

Pode se aposentar por idade ou por tempo de contribuição. Até mesmo como professor.

Aposentadoria especial

Este é um tema que justificação apreciação em particular.

Quando os arts. 57/58 do PBPS falam em direito à aposentadoria especial, não distinguem qual o tipo de segurado destinatário da norma.

Um autônomo, prestando serviços numa indústria, pode ser afetado pela presença dos agentes nocivos físicos, químicos e biológicos, ergométricos e psicológicos.

Se isso ocorrer fará jus ao PPP.

Maria Helena Carreira Alvim Ribeiro reproduz o art. 5º da Lei n. 6.932/81 que reza:

"ao médico-residente filiado ao Sistema Previdenciário na forma do § 1º deste artigo, são assegurados os direitos previstos na Lei n. 3.807, de 26 de agosto de 1960, e suas alterações posteriores, bem como os decorrentes de acidentes do trabalho" (*Aposentadoria Especial*. 9. ed. Curitiba: Juruá, 2016. p. 409).

Direito, infelizmente revogado pela Lei n. 8.138/90.

Aposentadoria Especial

São muitos os trabalhadores autônomos expostos aos agentes agressivos físicos, químicos, biológicos, ergométricos e psicológicos no exercício de sua atividade profissional.

Principalmente, em se tratando de médicos, atuando ao lado dos enfermeiros. É possível que esta última categoria de segurados, em razão dos seus conhecimentos científicos e preparo universitário, sejam os que individualmente mais cuidem da sua saúde e integridade física quando no exercício da profissão.

O *"Manual de Aposentadoria Especial"* do INSS não os mencionou em nenhum momento. De modo geral, todos entendem que até 28.4.95 eram referidos expressamente como portadores do direito de categoria e até dispensados da prova da exposição, legalmente presumida (Decreto n. 53.831/64 e Decreto n. 83.080/79).

Ab initio, quando define quem tem direito à aposentadoria especial diz o art. 57 do PBPS:

"A aposentadoria especial será devida, uma vez cumprida a carência exigida nesta Lei, ao segurado que tiver trabalhado sujeito a condições especiais que prejudiquem a saúde ou a integridade física, durante 15 (quinze), 20 (vinte) ou 25 (vinte e cinco) anos, conforme dispuser a lei." (Redação da Lei n. 9.032/95)

Pode não ter se lembrado disso, mas o certo é que a *mens legislatoris* não distingue os trabalhadores que fazem jus a essa prestação.

Desse texto, à evidência, apenas o facultativo estaria excluído porque não é obreiro.

A questão não é exatamente legal; sedia-se no mundo real. Se o autônomo cumpre os ditames dos arts. 57/58 do PBPS e atende todas as exigências regulamentares, como os arts. 246/299 da IN INSS n. 77/15 e os preceitos do Manual de Aposentadoria Especial do INSS, em particular apresentando um LTCAT tecnicamente idôneo elaborado por médico do trabalho ou engenheiro de segurança do trabalho, não há porque indeferir o benefício.

Sem, explicitar qual a diferença que têm os não cooperados, todavia, quando elenca os beneficiários, diz o art. 247, IV, da IN INSS n. 77/15, que somente "o contribuinte individual cooperado filiado à cooperativa de trabalho e de produção, para requerimento a partir de 23 de dezembro de 2002, data da publicação da MP n. 83, de 2002, por exposição dos agentes nocivos".

Diz o art. 271 da IN INSS n. 77/15:

"A comprovação da função ou atividade profissional para enquadramento de atividade especial por categoria profissional os segurado contribuinte individual será feita mediante a apresentação de documentos que comprovem, ano a ano, habitual e permanente na atividade exercida, sendo dispensa a apresentação do formulário de reconhecimento de períodos laborados em condições especiais.

Parágrafo único. O contribuinte deverá apresentar documento que comprova a habilitação acadêmica e registro no respectivo conselho de classe, quando legalmente exigido para exercício da atividade a ser enquadrada."

Aposentadoria do Odontólogo

Os riscos da exposição aos agentes físicos ou biológicos que podem ser assumidos pelos dentistas, com ou sem uso técnico de Equipamento de Proteção Individual (EPI), ainda produzem celeuma na doutrina e jurisprudência.

Um cirurgião-dentista autônomo de Rio Grande do Sul conseguiu na Justiça Federal o direito de receber aposentadoria especial. Em decisão tomada pelo Tribunal Regional Federal da 4ª Região, confirmou a sentença que considerou o seu serviço como insalubre.

Em 2014, esse autônomo solicitou o benefício junto ao INSS após 27 anos de recolhimentos. Entretanto, a autarquia federal negou o pedido sob o argumento de que o segurado não tem nenhum dos tempos mínimos para se enquadrar na previsão legal (15 anos para grau alto de exposição, 20 anos para médio ou 25 anos para leve). Então, o interessado ajuizou a ação na 1ª Vara Federal.

Até 29.4.1995, a legislação dizia quem tinha direito à aposentadoria especial com base nas categorias profissionais, entre elas a de dentista, sem necessidade da comprovação da exposição.

Era o chamado direito de categoria. A exigência de formulário-padrão para a comprovação da exposição a agentes nocivos passou a vigorar a partir de então.

As provas da condição insalubre, além de documentos apresentados pelo autor fora produzida uma perícia judicial. Segundo o laudo técnico, esse trabalhador além de ter contato habitual com agentes biológicos (vírus e bactérias) e químicos (mercúrio), também era exposto a radiações ionizantes.

O INSS alegou que a exposição aos agentes nocivos deve ser habitual e permanente, e esse não seria o caso.

Em primeira instância, a Justiça Federal determinou a concessão do benefício. O processo chegou ao tribunal para reexame.

Na 5ª Turma, a relatora do caso a juíza federal convocada Taís Schilling Ferraz, manteve o entendimento do primeiro grau.

A magistrada ressaltou que o fato de a legislação não trazer norma específica sobre o custeio da aposentadoria especial do contribuinte individual não afasta o direito ao benefício.

"Não se está a instituir benefício novo, sem a correspondente fonte de custeio. Trata-se de benefício já existente, passível de ser auferido por segurado que implementa as condições previstas na lei de benefícios."

A Previdência Social ainda terá que pagar todos os valores atrasados, desde a negativa do benefício.

A questão é controversa, pois, segundo a lei, a contagem de tempo especial restringe-se às categorias de empregado, avulso e cooperado. Entretanto, decisões judiciais têm estendido o benefício a contribuintes individuais (in: Proc. n. 5007267-35.2014.4.04.7101).

Em razão da configuração da presença dos agentes nocivos que possam afetar a saúde ou a integridade física dos odontólogos (biológicos ou radiação ionizante) que até 28.4.1995 envolveu o direito de categoria a aposentadoria especial desses profissionais padece de consenso na jurisprudência e gera dúvidas entre os estudiosos.

Até 1995, a legislação dizia quem tinha direito à aposentadoria especial com base nas categorias profissionais, entre elas a de dentista, sem necessidade da comprovação da exposição aos agentes nocivos. Bastava o SB-40. A exigência de formulário-padrão para a comprovação da exposição a agentes nocivos passou a vigorar a partir de então.

A questão é controversa, pois, segundo a lei, a contagem de tempo especial restringe-se às categorias de empregado, avulso e cooperado. Entretanto, decisões judiciais têm estendido o benefício aos contribuintes individuais.

Aposentadoria do Eletricista

A atividade do eletricista é naturalmente perigosa, seja ele empregado ou autônomo. Este último segurado enfrenta corrente teórica administrativa que, em tese, impugna o benefício da aposentadoria especial para o contribuinte individual e a periculosidade em si mesma.

Em sua versão original o art. 57 do PBPS dizia:

"A aposentadoria especial será devida, uma vez cumprida a carência exigida nesta Lei, ao segurado que tiver trabalhado durante 15 (quinze), 20 (vinte) ou 25 (vinte e cinco) anos, conforme atividade profissional sujeito a condições especiais que prejudiquem a saúde ou a integridade física."

Em seguida diz o art. 58:

"A relação dos agentes nocivos químicos, físicos e biológicos ou associação de agentes prejudiciais à saúde ou à integridade física considerados para fins de concessão da aposentadoria e de que trata o artigo anterior será definido pelo Poder Executivo."

Para o Juiz Federal Jose Antonio Savaris: "Aposentadoria Especial. Pressuposto para reconhecimento. Eletricista. A Turma decidiu que mesmo em relação às atividades desempenhadas em período que a legislação previdenciária exigia efetiva exposição aos agentes nocivos, o reconhecimento da condição de eletricista, em si, pressupõe a exposição redes de tensão superior a 250 volts (Quadro Anexo do Decreto n. 53.831/64, item 1.1.8). A exposição, em casos tais, é elemento definidor da própria condição de eletricista cujo trabalho, em tempo anterior à vigência da Lei n. 9.032/95, era reconhecido como especial por presunção legal" (PEDILEF n. 2007.70.95.015310-0).

Cessação da cobertura da periculosidade

Ainda que a Medida Provisória n. 1.523/96, seja de 11.10.1996, o INSS entendeu que a periculosidade deixou de existir em 5.3.97, quando da edição do Decreto n. 2.172/97 (art. 170, IV, da IN INSS n. 11/06):

"atividades, de modo permanente com exposição aos agentes nocivos frio, eletricidade, radiações não ionizantes e umidade, o enquadramento somente será possível até 5 de março de 1997."

Para o entendimento do INSS, não mais comparecendo no Anexo IV do Decreto n. 2.172/97, a periculosidade deixou de ser coberta pela aposentadoria especial.

Fundamento técnico do entendimento

A exclusão atividades perigosas do Anexo IV do RPS, autorizada pelo art. 58 do PBPS, possivelmente deu-se em virtude de a medicina do trabalho entender que as tarefas penosas e perigosas não põem em risco a saúde ou a integridade física do trabalhador (*sic*).

Presente uma doença ocupacional ou um acidente do trabalho sobreviria o auxílio-acidente ou aposentadoria por invalidez.

Negativa do INSS

Cumprindo as determinações do decreto regulamentador, emitido pelo senhor Presidente da República, a autarquia indefere os pedidos de aposentadoria especial baseados na periculosidade e, em particular, o requerimento dos eletricistas.

Importância do direito de categoria

O chamado direito de categoria, que existiu da LOPS (1960) até 28.4.1995, enquanto vigeu, foi respeitado pelo INSS.

Cessando em 28.4.1995, não mais pode ser invocado como razão para pedido de aposentadoria especial em relação a períodos iniciados após essa data, nem como fundamento para exigibilidade de contribuições desde 1º.4.1999. A possibilidade de ser sopesada a *mens legislatoris*, cessa com a revogação da lei criadora e não mais produz efeitos.

Infortúnio Ocupacional

O autônomo que presta serviços para uma empresa no ambiente de trabalho de seu estabelecimento, nestas condições, tanto quanto o terceirizado, cooperado ou principalmente o empregado, pode ser vítima de acidente do trabalho.

Infelizmente, ainda não foi revogado o art. 2º da vetusta e anacrônica Lei n. 6.367/76, que obsta o gozo das prestações previdenciárias acidentárias.

Até mesmo trabalhando sozinho para pessoas físicas ele pode sofrer um infortúnio laboral.

Seguro privado

Com um exemplo do que sucede com o estagiário, para tanto, é recomendável ser celebrado um seguro privado de acidente do trabalho, com uma seguradora particular, custeado apenas pelo segurado ou com a cooperação da empresa.

A lei previdenciária não prevê prestações acidentárias para esse tipo de segurado, mas se ficar incapaz para o trabalho em razão do seu serviço, fará jus ao auxílio-doença ou aposentadoria por invalidez comuns.

Como foi ressaltado, incluindo-se a hipótese da perícia biopsicossocial.

Se falecer decorrente de um infortúnio laboral, os seus dependentes farão jus à pensão por morte.

Acidente de trajeto

Rigorosamente, para ele, não existe acidente do trabalho *in itinere* ou fora do estabelecimento empresarial. Essa possibilidade constará ou não da apólice de seguradora.

Ciência do acidente do trabalho

Quando define acidente do trabalho, nos arts. 19/21, o PBPS não fixa quais seriam os beneficiários da proteção acidentaria. Por tradição, tem sido os empregados.

O interesse na comunicação do acidente do trabalho diz respeito à seguradora e à previdência social para que tenha ideia do mapeamento de sinistro. De regra, portanto, em relação ao acidente do autônomo deveria haver uma CAT para o INSS e, é claro, para a companhia seguradora.

Mapeamento de sinistro

Com vistas a eventual responsabilidade civil e previdenciária, as empresas têm interesse de incluir ao autônomo no mapeamento de sinistros visando à prevenção das ocorrências.

Doença ocupacional

O autônomo também pode adquirir uma doença ocupacional no ambiente de trabalho, ainda que não faça jus à prestação correspondente.

Assim, rigorosamente, deveria haver um exame admissional do autônomo quando da contratação.

Indenização civil

Nos termos da Súmula STF n. 229, sobrevindo culpa grave da empresa, esta terá de indenizar civilmente o trabalhador.

Segundo Eleonora Bordini Coca, juíza do Trabalho: "a configuração do acidente do trabalho prescinde da existência da relação de emprego, exigindo apenas, a ocorrência de uma relação de trabalho e a presença dos pressupostos da responsabilidade civil" (acórdão do TRT da 15ª Turma em 5.5.2016, in: *Supl. LTr*, n. 28/16, p. 218).

Serviço de Empreitada

Nos seus arts. 610/626, o Código Civil disciplina o contrato de empreitada, valendo consignar que este tipo de ajuste bilateral, bastante comum quando do fornecimento de mão de obra de construção civil, também pode ocorrer se um autônomo presta por prazo determinado serviço para uma empresa.

Na interpretação, nesse tipo de contrato, o resultado é o principal escopo.

De imediato, fica claro que esse autônomo, então designado como empreiteiro (ou construtor), poderá oferecer mão de obra e materiais. O valor da nota fiscal desses materiais não fará parte do conceito de salário de contribuição para fins fiscais.

Não se extingue o contrato de empreitada pela morte de qualquer das partes, salvo se ajustado em consideração às qualidades pessoais do empreiteiro.

Para estabelecer a devida distinção, consideramos aspectos da retenção operada na Nota Fiscal da cessão de mão de obra da empreitada.

O contratante de serviços prestados mediante cessão de mão de obra ou empreitada, a partir da competência fevereiro de 1999, reterá 11% do valor bruto da nota fiscal, da fatura ou do recibo de prestação de serviços e recolher à Previdência Social a importância então retida.

Igual raciocínio vale para a empresa optante pelo SIMPLES, que prestar serviços mediante cessão de mão de obra ou empreitada.

O art. 143 da IN SRF n. 3/05 define cessão de mão de obra como:

"a colocação à disposição da empresa contratante, em suas dependências ou nas de terceiros, de trabalhadores que realizem serviços contínuos, relacionados ou não com sua atividade fim, quaisquer que sejam a natureza e a forma de contratação, inclusive por meio de trabalho temporário na forma da Lei n. 6.019, de 1974."

Para o seu art. 144, empreitada:

"é a execução, contratualmente estabelecida, de tarefa, de obra ou de serviço, por preço ajustado, com ou sem fornecimento de material ou uso de equipamentos, que podem ou não ser utilizados, realizada nas dependências da empresa contratante, nas de terceiros ou nas da empresa contratada, tendo como objeto um resultado pretendido."

Contrato de Parceria

Muitas vezes, duas pessoas celebram um ajuste bilateral que pretende civil de parceria, em que as duas partes trabalham juntas numa espécie de sociedade, configurando na avença a inexistência da subordinação de um em relação a outro, ou seja, ambos reafirmando por escrito a ausência o *animus contrahendi* de ser empregado, de Amauri Mascaro Nascimento.

Ao contrário de serem parceiros e previdenciariamente contribuintes individuais como autônomos, dividindo o resultado da parceria.

Ainda que sem mencionar expressamente o mestre mexicano, mas enfatizando o contrato realidade de Mário de La Cueva (*"Tratado Mexicano del Trabajo"*) e o princípio da realidade comprovada nos autos, o Juiz Altino Pedro dos Santos entendeu que estava presente uma pessoa física, a ineventualidade, a onerosidade, a subordinação entre dois advogados, caracterizou o vínculo empregatício entre o reclamante e o reclamado (em decisão de 18.8.2016, da 7ª Turma do TRT da 9ª Região, in: *Supl. de Jurisp. LTr*, n. 42/16, p. 335).

Igual entendimento prevaleceu quando uma manicure estabeleceu com um salão de beleza receber 70% dos clientes e a reclamada ficaria com 30% do resultado do seu trabalho e mais tarde reclamou vínculo empregatício alegando não ser um caso de parceria de trabalho.

Esse dissídio foi composto pelo Juiz do Trabalho Archimedes Castro Campos Júnior, da 5ª Turma do TRT da 9ª Região que, no caso, entendeu não haver a presença do vínculo empregatício (in: *Supl. de Jurisp. LTr*, n. 40/16, p. 319).

Profissional da Construção Civil

Considerada em seu sentido mais amplo, na área da construção civil, é possível focar a figura de um prestador de serviço autônomo bastante comum: o profissional da construção civil.

Conceito de construção civil

Já nos preocupamos com este conceito. Em nosso "Obrigações Previdenciárias na Construção Civil" (São Paulo: LTr, 1996), sublinhamos que, genericamente, construir é fazer alguma coisa sólida, móvel ou imóvel, partindo de elementos individualizados anteriormente preparados ou em estado natural.

Tal atividade industrial compreende várias técnicas pessoais, com vistas a resultado útil e destinação específica.

Evidentemente, um conceito amplíssimo e, como tal, quase sem utilidade.

Pode-se fazer qualquer coisa, com apenas as mãos ou a ajuda de ferramentas, objeto geralmente pequeno e móvel.

O verbo construir é preferivelmente utilizado para tarefas de maior vulto, como cerca ou muro, caminho ou passagem, caramanchão ou horta, habitação, enfim, bem imóvel de valor ou serviços supervenientes de melhoria, embelezamento, reparação, restauração, recuperação, reconstrução, modificação ou aumento.

Construção é ato de construir e, igualmente, o resultado dessa ação. No caso da construção civil, em que o termo é largamente adotado, é sinônimo de obra, em andamento e até ser concluída. Podendo ser parcial ou total.

Hely Lopes Meirelles faz distinção particular. A edificação é construção de imóvel para diferentes usos. Construção é mais ampla, abrangendo outros objetos. Para ele, "Como atividade indica o conjunto de operações empregadas na execução de um projeto; como obra significa toda realização material e intencional do homem, visando a adaptar a natureza as suas conveniências. Neste sentido, até mesmo a demolição se enquadrando conceito de construção, porque objetiva, em última análise, a preparação do terreno para subsequente e melhor aproveitamento".

Segundo esse raciocínio, embora não consagrado, o certo seria 'edificação civil'. De modo típico, quer dizer, a realização de residências, armazéns ou garagens, depósitos ou silos, chaminés ou torres, edifícios, viadutos ou pontes, estádios etc.

Em hipótese alguma se considera construção a elaboração de objeto solto e, obviamente, pode-se fazer, com os mesmos materiais e técnicas, peças transportáveis. A construção é imóvel, não tem mobilidade. Caixas d'água de amianto, dessas de 1.000 litros, é fabricada, e não construída.

O cozimento de tijolos, tradicionais ou de argamassa, por isso, é industrial, mas não de construção civil. Frequentemente, o material usado é agregado, fazendo parte integrante do corpo da obra e ligado direta ou indiretamente ao solo ou subsolo. Tradicionalmente, a aglutinação se dá por ação química, mas pode acontecer por ajuste, pressão, montagem, solda etc.

Finalmente, a convenção, constante de normas legais, enumera as atividades de construção civil. Fazer embarcação não é construção civil devido à técnica e ao material usado, à forma de aglutinação dos elementos (construção naval) e à mobilidade. Barcaça, inteiramente de concreto armado, é construção naval. Vale o mesmo para o trailer, barraca de lona ou tecido impermeável, em razão dos materiais e da mobilidade.

Edifício, inteiramente de aço, madeira e vidro, concluído por montagem, junção e solda, feito para escritório ou residência, situa-se no limite do conceito.

O INSS dá tratamento preferencial a casa pré-fabricada, quase a considerando excluída da responsabilidade fiscal (o proprietário a compra pronta e suas paredes inteiriças, adrede acabadas, são transportadas), e consagra o mesmo critério para outras edificações, como os armazéns e prédios industriais, com estrutura básica anteriormente preparada ou pré--moldada.

Os silos e torres, galpões ou pavilhões, montados por aplicação de solda, amarração de cabos ou por porcas e parafusos, aprontados como um circo, não são tidos como construção civil.

Plantar grama em aterros, com a finalidade de escorar os taludes ou enfeitar estradas, não é atividade rural, pois não objetiva desenvolver o produto (reproduzi-lo) nem vendê-lo, o mesmo valendo para flores e plantas, enfim, todo o serviço de jardinagem da construção civil.

De modo geral, como visto, repete-se, o conceito é amplíssimo, podendo ser tido como a técnica industrial primária tradicional, onde há matéria.

Particularmente porque interfere e faz parte do conceito, a tradição e a convenção de considerar esta ou aquela tarefa como de construção civil. E, nesse sentido, a especialização dos diferentes setores resultam principalmente nos serviços de alvenaria.

Caracteriza-se e distingue-se de outras atividades assemelhadas por:

a) tradição;

b) técnica;

c) material;

d) destinação;

e) imobilidade;

f) agregação; e

g) convenção.

Assim, fazer moradia é construção civil. A técnica consiste nos moldes de construção, como o emprego de argamassa para agregação de materiais, com larga utilização de cimento, cal e areia.

Construções destinadas a certas atividades humanas são construções civis, entre as quais, com fins residenciais, escolares, recreativas etc.

Profissionais ocupados

A construção reclama a presença de muitos profissionais, entre os quais, o projetista, arquiteto, engenheiro, mestre de obras, pedreiro, carpinteiro, marceneiro, telhadeiro, pintor, eletricista, encanador, azulejista, instalador, decorador, antenista etc., sem falar nos auxiliares.

Relações com o proprietário

Cada um destes profissionais, individualmente ou em parceria, celebram um contrato de construção civil, cujo objetivo é a edificação da obra projetada pelo proprietário do imóvel.

Este contrato, de resto é de empreitada e se esgota com o termo da obra.

Classificação previdenciária

Nestas condições, individualmente sopesado, o profissional de construção civil é um autônomo, sem prejuízo de vir a ser um construtor, quando se une com outros profissionais empregados ou não.

Quando presta serviços para pessoa física (proprietário da casa própria) não gera os 20% patronais porque o contratante não é pessoa jurídica.

Mas, caso esse proprietário se torne um construtor, constrói imóveis para vender, assume a condição de autônomo.

Quando presta serviços para pessoa jurídica, segue a regra geral da retenção e dos recolhimentos aqui examinados.

Similitude com o Empregado

Olhando-se a distância e sem qualquer perquirição fática ou jurídica, é praticamente impossível distinguir o empregado do autônomo quando este contribuinte individual presta serviços continuados para uma empresa.

Ambos são pessoas físicas, trabalhadores e, usualmente, segurados obrigatórios da Previdência Social. Observam a pessoalidade, onerosidade, contratualidade e variadas formalidades legais protetivas do seu labor.

No que diz respeito à interpretação da dúvida de deslindar se o autônomo é empregado ou se um empregado se tornou autônomo — importa sopesar a significativa similitude entre esses dois obreiros.

Submetem-se a certa ordenança produtiva particularizada para o empregado.

Prestam serviços sob contrato celebrado entre uma pessoa física e uma pessoa jurídica.

Quando da admissão carecem de demonstrar capacidade laboral, ou seja, deterem idade mínima constitucional e, em certo sentido, possuírem preparo físico ou intelectual.

Indistintamente, sem distinção operam no mundo urbano ou rural.

Com exceção da acidentária, têm praticamente a mesma proteção previdenciária.

Podem se sindicalizar como todo trabalhador.

São sujeitos ativos e passivos em ações judiciais.

Campanhas Eleitorais

Quando nas campanhas eleitorais, muitas pessoas físicas (e jurídicas) prestam diversos serviços de divulgação para os partidos políticos e os candidatos.

São chamados, entre outros títulos de tarefas, de marqueteiros e por ora, só interessa se forem pessoas físicas.

A despeito de ser possível, em alguns casos, estarem preenchidos os requisitos legais do art. 3º da CLT, diz o art. 100 da Lei n. 13.165/15, que alterou a Lei n. 9.504/97:

> "A contratação de pessoal para prestação de serviços nas campanhas eleitorais não gera vínculo empregatício com o candidato ou partido contratantes, aplicando-se à pessoa física contratada o disposto na alínea h do inciso V do art. 12 da Lei n. 8.212, de 24 de julho de 1991."

A mencionada alínea "h" do inciso V do art. 12 do PCSS diz:

> "a pessoa física que exerce por conta própria, a atividade econômica de natureza urbana, com fins lucrativos ou não".

Ou seja, esse segurado obrigatório é um autônomo (sic).

Por outro lado, cuidando do conceito de empresa reza o parágrafo único do mesmo artigo:

> "Não se aplica aos partidos políticos, para fins da contratação de que trata o *caput*, o disposto no parágrafo único do art. 15 da Lei n. 8.212, de 24 de julho de 1991."

Quer dizer, os partidos não são tidos como empresas e, por conseguinte, não estariam obrigados a reterem os 11% do autônomo nem a recolherem os 20% da parte patronal (*sic*).

Daí ter acolhido a lei o juiz André Luis Moraes de Oliveira, da 1ª Turma do TRT da 24ª Região, quando negou relação de emprego entre um trabalhador e um partido político (in: *Supl. de Jurisp. LTr*, n. 25/16, p. 199).

Reclamações Trabalhistas

Com relação às reclamações trabalhistas por parte de autônomos, não é comum sobrevirem fatores geradores de contribuição previdenciária.

Por outro lado, é frequente a subsistência de deveres fiscais nascidos da definição da condição de empregado.

Nos seus arts. 126/136, a IN SRF n. 3/05 cuida desse assunto.

No comum dos casos, reclamatória trabalhista é uma ação judicial que visa resgatar direitos decorrentes da relação de trabalho, movida pelo trabalhador contra a empresa para a qual prestou serviços, interessando agora as contribuições incidentes sobre remunerações pagas durante o período trabalhado, com ou sem vínculo empregatício, quando, por qualquer motivo, não houver sido executada a cobrança pela Justiça do Trabalho.

Note-se que subsistirá o dever fiscal mesmo que não se reconheça qualquer vínculo empregatício entre as partes; o valor total pago ao reclamante será considerado base de cálculo para a incidência das contribuições sociais devidas pela empresa sobre as remunerações pagas ou creditadas ao contribuinte individual que lhe prestou serviços e devidas pelo contribuinte individual prestador de serviços.

Neste caso, a empresa deverá promover o pagamento das verbas definidas em acordo ou em sentença, reter a contribuição devida pelo segurado contribuinte individual prestador do serviço e recolhê-la juntamente com a contribuição a seu cargo (art. 4º da Lei n. 10.666/03).

Inocorrente retenção da contribuição, o reclamado contratante de serviços é responsável pelo pagamento da referida contribuição.

Quando do não reconhecimento de vínculo, e quando não fizer parte do acordo homologado, a indicação do período em que foram prestados os serviços aos quais se refere o valor pactuado, será adotada a competência referente à data da homologação do acordo, ou à data do pagamento, se este anteceder aquela.

Serão adotadas as alíquotas, critérios de atualização monetária, taxas de juros de mora e valores de multas vigentes à época das competências apuradas.

Os fatos geradores das contribuições devidas deverão ser informados em Guia de Recolhimento do FGTS e Informações à Previdência Social (GFIP), conforme orientações do Manual da GFIP, e as correspondentes contribuições deverão ser recolhidas em documento de arrecadação identificado com código de pagamento específico para esse fim.

Fontes Formais

Vale recordar, com intuito histórico, desde as primeiras, as fontes formais que trataram da contribuição pessoal do autônomo e da contribuição empresarial gerada pelo serviço prestado por ele às empresas contratantes.

Decreto-lei n. 959/69

Os Ministros da Marinha de Guerra, do Exército e da Aeronáutica militar, usando das atribuições que lhes confere o art. 1º do Ato Institucional n. 12, de 31 de agôsto de 1969, combinado com a art. 2º, § 1º do Ato Institucional n. 5, de 13 de dezembro de 1968,

Decretam:

Art. 1º A emprêsa que, a qualquer título, remunerar serviços a ela prestados por trabalhador autônomo, sem vínculo empregatício, fixa obrigada a contribuir para o Instituto Nacional de Previdência Social (INPS) nos têrmos do art. 69, § 2º da Lei n. 3.807, de 26 de agôsto de 1960 (Lei Orgânica da Previdência Social), na redação dada pelo art. 18 do Decreto-lei n. 66, de 21 de novembro de 1966, e nas condições estabelecidas neste decreto-lei.

§ 1º A contribuição será igual a 8% (oito por cento) da remuneração efetivamente paga ou devida no ano civil, limitada, em relação a cada emprêsa e por trabalhador autônomo, a doze vêzes o maior salário-base da categoria, vigente na respectiva região, ou, na falta dêste, a doze vêzes o salário-mínimo regional de adulto, não prevalecendo para êsse efeito o limite mensal estabelecido no item III do art. 69 da Lei Orgânica da Previdência Social.

§ 2º Sôbre o valor da remuneração de que trata êste artigo não será devida nenhuma outra das contribuições arrecadadas pelo INPS.

Art. 2º Na documentação referente à remuneração dos serviços prestados por trabalhador autônomo nos casos previstos neste decreto-lei deverão ser discriminadas as parcelas correspondentes a:

a) serviços profissionais próprios;

b) serviços de terceiros a êle prestados;

c) outras despesas.

Parágrafo único. Na falta dessa discriminação, servirá de base para o cálculo da contribuição o total da remuneração.

Art. 3º Equipara-se à emprêsa, para fins de previdência social, o trabalhador autônomo que remunerar serviços a êle prestados por outro trabalhador autônomo, bem como a cooperativa de trabalho e a sociedade civil, de direito ou de fato, prestadora de serviços.

Art. 4º Caberá ao Ministro do Trabalho e Previdência Social dirimir as dúvidas e solucionar os casos omissos surgidos na execução dêste Decreto-lei.

Art. 5º Êste Decreto-lei entrará em vigor no primeiro dia útil do mês seguinte ao de sua publicação, revogadas as disposições em contrário.

Brasília, 13 de outubro de 1969; 148º da Independência e 81º da República.

Augusto Hamann Rademaker Grünewald

Aurélio de Lyra Tavares

Márcio de Souza e Mello

Newton Burlamaqui Barreira

Lei n. 10.666/03

Dita o art. 4º da Lei n. 10.666/03:

"Fica a empresa obrigada a arrecadar a contribuição do segurado contribuinte individual a seu serviço, descontando-a da respectiva remuneração, e a recolher o valor arrecadado juntamente com a contribuição a seu cargo até o dia 20 (vinte) do mês seguinte ao da competência, ou até o dia útil imediatamente anterior se não houver experiente bancário naquele dia. (redação dada pela Lei n. 11.933/09)

§ 1º As cooperativas de trabalho arrecadarão a contribuição social dos seus associados como contribuinte individual e recolherão o valor arrecadado até o dia 20 (vinte) do mês subsequente ao de competência a que se referir, ou até o dia útil imediatamente anterior se não houver expediente bancário naquele dia. (Redação dada pela Lei n. 11.933/09)

§ 2º A cooperativa de trabalho e a pessoa jurídica são obrigadas a efetuar a inscrição no Instituto Nacional do Seguro Social — INSS dos seus cooperados e contratados, respectivamente, como contribuintes individuais, se ainda não inscritos.

§ 3º O disposto neste artigo não se aplica ao contribuinte individual, quando contratado por outro contribuinte individual equiparado a empresa ou por produtor rural pessoa física ou por missão diplomática e repartição consular de carreira estrangeiras, e nem ao brasileiro civil que trabalha no exterior para organismo oficial internacional do qual o Brasil é membro efetivo."

Lei n. 9.876/99

PRESIDÊNCIA DA REPÚBLICA,

Faço saber que o Congresso Nacional decreta e eu sanciono a seguinte Lei:

Art. 1º A Lei n. 8.212, de 24 de julho de 1991, passa a vigorar com as seguintes alterações:

"Art. 12.

V – como contribuinte individual:

h) a pessoa física que exerce, por conta própria, atividade econômica de natureza urbana, com fins lucrativos ou não"

"Art. 15. (...)

Parágrafo único. Equipara-se a empresa, para os efeitos desta Lei, o contribuinte individual em relação ao segurado que lhe presta serviço, bem como a cooperativa, a associação ou entidade de qualquer natureza ou finalidade, a missão diplomática e a repartição consular de carreira estrangeiras." (NR)

A Lei n. 13.202/05 alterou essa redação:

"Art. 15. (...)

Parágrafo único. Equiparam-se a empresa, para os efeitos desta Lei, o contribuinte individual e a pessoa física na condição de proprietário ou dono de obra de construção civil, em relação ao segurado que lhe presta serviço, bem como a cooperativa, a associação ou a entidade de qualquer natureza ou finalidade, a missão diplomática e a repartição consular de carreira estrangeiras." (NR)

Da Contribuição dos Segurados Contribuinte Individual e Facultativo (NR)

"Art. 21. A alíquota de contribuição dos segurados contribuinte individual e facultativo será de vinte por cento sobre o respectivo salário-de-contribuição. (NR)

(...)."

Diz o art. 22:

"III – vinte por cento sobre o total das remunerações pagas ou creditadas a qualquer título, no decorrer do mês, aos segurados contribuintes individuais que lhe prestem serviços;"

Portaria SRP n. 3/05

Reza o art. 79:

"A contribuição social previdenciária do segurado contribuinte individual é:

I – para fatos geradores ocorridos até 31 de março de 2003, o valor correspondente à aplicação da alíquota determinada pela legislação de regência sobre o seu salário de contribuição, observados os limites mínimo e máximo previstos nos § 1º e 2º do art. 68 e ressalvado o disposto nos §§ 1º, 2º e 3º deste artigo;

II – para fatos geradores ocorridos a partir de 1º de abril de 2003, observado o limite máximo do salário de contribuição e o disposto no art. 80, de:

a) vinte por cento, incidente sobre:

1. a remuneração auferida em decorrência da prestação de serviços a pessoas físicas;

2. a remuneração que lhe for paga ou creditada, no decorrer do mês, pelos serviços prestados à entidade beneficente de assistência social isenta das contribuições sociais;

3. a retribuição do cooperado quando prestar serviços a pessoas físicas e à entidade beneficente em gozo de isenção da cota patronal, por intermédio da cooperativa de trabalho;

b) onze por cento, em face da dedução prevista no § 1º deste artigo, incidente sobre:

1. a remuneração que lhe for paga ou creditada, no decorrer do mês, pelos serviços prestados à empresa;

2. a retribuição do cooperado quando prestar serviços a empresas em geral e equiparados à empresa, por intermédio de cooperativa de trabalho;

3. a retribuição do cooperado quando prestar serviços à cooperativa de produção;

4. a remuneração que lhe for paga ou creditada, no decorrer do mês, pelos serviços prestados a outro contribuinte individual, a produtor rural pessoa física, a missão diplomática ou repartição consular de carreira estrangeiras, observado o disposto no § 2º deste artigo.

§ 1º O segurado contribuinte individual pode deduzir de sua contribuição mensal, quarenta e cinco por cento da contribuição devida pelo contratante, incidente sobre a remuneração que este lhe tenha pago ou creditado no respectivo mês, limitada a dedução a nove por cento do respectivo salário de contribuição, desde que:

I – no período de 1º de março de 2000 a 31 de março de 2003, os serviços tenham sido prestados à empresa ou equiparado, exceto a entidade beneficente de assistência social isenta;

II – a partir de 1º de abril de 2003, os serviços tenham sido prestados a outro contribuinte individual, a produtor rural pessoa física, a missão diplomática ou repartição consular de carreira estrangeiras;

III – a contribuição a cargo do contratante tenha sido efetivamente recolhida ou declarada em GFIP ou no recibo previsto no inciso V do art. 60.

§ 2º O segurado contribuinte individual que não comprovar a regularidade da dedução prevista no § 1º deste artigo, na forma estabelecida no seu inciso III, sujeitar-se-á à glosa do valor indevidamente deduzido, devendo complementar as contribuições com os devidos acréscimos legais.

§ 3º A dedução de que trata o § 1º deste artigo, que não tenha sido efetuada em época própria, poderá ser feita por ocasião do recolhimento em atraso, incidindo acréscimos legais sobre o saldo a recolher após a dedução.

(...)

§ 5º O condutor autônomo de veículo rodoviário (inclusive o taxista), o auxiliar de condutor autônomo, bem como o cooperado filiado à cooperativa de transportadores autônomos, estão sujeitos ao pagamento da contribuição para o Serviço Social do Transporte — SEST e para o Serviço Nacional de Aprendizagem do Transporte — SENAT, conforme previsto nos §§ 9º e 10 do art. 139.

§ 6º O segurado contribuinte individual que trabalhe por conta própria, sem relação de trabalho com empresa ou equiparado, a partir da competência em que fizer opção pela exclusão do direito ao benefício de aposentadoria por tempo de contribuição, contribuirá à alíquota de onze por cento sobre o valor correspondente ao limite mínimo mensal do salário de contribuição a que se refere o inciso III do § 1º do art. 68. (Parágrafo incluído pela IN MPS/SRP n. 23, de 30.4.2007)

§ 7º Aplica-se o disposto no § 6º deste artigo à contribuição do empresário ou a do sócio da sociedade empresária, cuja receita bruta anual no ano-calendário anterior seja de no máximo trinta e seis mil reais, até o dia 31 de dezembro do segundo ano subsequente ao da formalização do empresário ou da sociedade. (Parágrafo incluído pela IN MPS/SRP n. 23, de 30.4.2007)

§ 8º O benefício referido no § 7º deste artigo somente poderá ser usufruído por até três anos-calendário. (Parágrafo incluído pela IN MPS/SRP n. 23, de 30.4.2007)

§ 9º O segurado que tenha contribuído na forma do § 6º deste artigo e que pretenda contar o tempo correspondente para fins de obtenção da aposentadoria por tempo de contribuição deverá complementar a contribuição mensal mediante o recolhimento de mais nove por cento, acrescido dos juros moratórios previstos no inciso II do *caput*, na alínea "b" do inciso II do *caput* e no § 1º, todos do art. 495. (Parágrafo incluído pela IN MPS/SRP n. 23, de 30.4.2007)

§ 10. A contribuição complementar a que se refere o § 9º será exigida a qualquer tempo, sob pena de indeferimento do benefício. (Parágrafo incluído pela IN MPS/SRP n. 23, de 30.4.2007)

§ 11. Considera-se formalizada a opção a que se refere o § 6º deste artigo pela utilização, no ato do recolhimento, do código de pagamento específico para a "opção: aposentadoria apenas por idade", previsto no Anexo I. (Parágrafo incluído pela IN MPS/SRP n. 23, de 30.4.2007)

§ 12. O recolhimento complementar a que se refere o § 9º deste artigo deverá ser feito nos códigos de pagamento usuais do contribuinte individual, previstos no Anexo I. (Parágrafo incluído pela IN MPS/SRP n. 23, de 30.4.2007)

(...)

Art. 80. Quando o total da remuneração mensal recebida pelo contribuinte individual por serviços prestados a uma ou mais empresas for inferior ao limite mínimo do salário de contribuição, o segurado deverá recolher diretamente a complementação da contribuição incidente sobre a diferença entre o limite mínimo do salário de contribuição e a remuneração total por ele recebida ou a ele creditada, aplicando sobre a parcela complementar a alíquota de vinte por cento.

Subseção I – Obrigações do Contribuinte Individual

Art. 81. O contribuinte individual que prestar serviços a mais de uma empresa ou, concomitantemente, exercer atividade como segurado empregado, empregado doméstico ou trabalhador avulso, quando o total das remunerações recebidas no mês for superior ao limite máximo do salário de contribuição deverá, para efeito de controle do limite, informar o fato à empresa em que isto ocorrer, mediante a apresentação:

I – do comprovante de pagamento ou declaração previstos no § 1º do art. 78, quando for o caso;

II – do comprovante de pagamento previsto no inciso V do art. 60, quando for o caso.

§ 1º O contribuinte individual que no mês teve contribuição descontada sobre o limite máximo do salário de contribuição, em uma ou mais empresas, deverá comprovar o fato às demais para as quais prestar serviços, mediante apresentação de um dos documentos previstos nos incisos I e II do *caput*.

§ 2º Quando a prestação de serviços ocorrer de forma regular a pelo menos uma empresa, da qual o segurado como contribuinte individual, empregado ou trabalhador avulso receba, mês a mês, remuneração igual ou superior ao limite máximo do salário de contribuição, a declaração prevista no inciso I do *caput*, poderá abranger um período dentro do exercício, desde que identificadas todas as competências a que se referir, e, quando for o caso, daquela ou daquelas empresas que efetuarão o desconto até o limite máximo do salário de contribuição, devendo a referida declaração ser renovada ao término do período nela indicado ou ao término do exercício em curso, o que ocorrer primeiro.

§ 3º O segurado contribuinte individual é responsável pela declaração prestada na forma do inciso I do *caput* e, na hipótese de, por qualquer razão, deixar de receber a remuneração declarada ou receber remuneração inferior à informada na declaração, deverá recolher a contribuição incidente sobre a soma das remunerações recebidas das outras empresas sobre as quais não houve o desconto em face da declaração por ele prestada, observados os limites mínimo e máximo do salário de contribuição e as alíquotas definidas no art. 79.

§ 4º A contribuição complementar prevista no § 3º deste artigo, observadas as disposições do art. 79, será de:

I – onze por cento sobre a diferença entre o salário de contribuição efetivamente declarado em GFIP, somadas todas as fontes pagadoras no mês, e o salário de contribuição sobre o qual o segurado sofreu desconto; ou

II – vinte por cento quando a diferença de remuneração provém de serviços prestados a outras fontes pagadoras que não contribuem com a cota patronal, por dispensa legal ou por isenção.

§ 5º O contribuinte individual deverá manter sob sua guarda cópia das declarações que emitir na forma prevista neste artigo juntamente com os comprovantes de pagamento, para fins de apresentação ao INSS ou à SRP, quando solicitado.

§ 6º A empresa deverá manter arquivadas, por dez anos, cópias dos comprovantes de pagamento ou a declaração apresentada pelo contribuinte individual, para fins de apresentação ao INSS ou à SRP, quando solicitado."

IN SRP N. 971/09

Art. 65. A contribuição social previdenciária do segurado contribuinte individual é:

I – para fatos geradores ocorridos até 31 de março de 2003, o valor correspondente à aplicação da alíquota determinada pela legislação de regência sobre o seu salário de contribuição, observados os limites mínimo e máximo previstos nos §§ 1º e 2º do art. 54 e ressalvado o disposto nos §§ 1º, 2º e 3º;

II – para fatos geradores ocorridos a partir de 1º de abril de 2003, observado o limite máximo do salário de contribuição e o disposto no art. 66, de:

a) 20% (vinte por cento), incidente sobre:

1. a remuneração auferida em decorrência da prestação de serviços a pessoas físicas;

2. a remuneração que lhe for paga ou creditada, no decorrer do mês, pelos serviços prestados à entidade beneficente de assistência social isenta das contribuições sociais;

3. a retribuição do cooperado, quando prestar serviços a pessoas físicas e a entidade beneficente em gozo de isenção da cota patronal, por intermédio da cooperativa de trabalho;

b) 11% (onze por cento), em face da dedução prevista no § 1º, incidente sobre:

1. a remuneração que lhe for paga ou creditada, no decorrer do mês, pelos serviços prestados a empresa;

2. a retribuição do cooperado quando prestar serviços a empresas em geral e equiparados a empresa, por intermédio de cooperativa de trabalho;

3. a retribuição do cooperado quando prestar serviços a cooperativa de produção;

4. a remuneração que lhe for paga ou creditada, no decorrer do mês, pelos serviços prestados a outro contribuinte individual, a produtor rural pessoa física, a missão diplomática ou repartição consular de carreiras estrangeiras, observado o disposto no § 2º.

§ 1º O segurado contribuinte individual pode deduzir de sua contribuição mensal, 45% (quarenta e cinco por cento) da contribuição devida pelo contratante, incidente sobre a remuneração que este lhe tenha pago ou creditado no respectivo mês, limitada a dedução a 9% (nove por cento) do respectivo salário de contribuição, desde que:

I – no período de 1º de março de 2000 a 31 de março de 2003, os serviços tenham sido prestados a empresa ou equiparado, exceto a entidade beneficente de assistência social isenta;

II – a partir de 1º de abril de 2003, os serviços tenham sido prestados a outro contribuinte individual, a produtor rural pessoa física, a missão diplomática ou repartição consular de carreiras estrangeiras;

III - a contribuição a cargo do contratante tenha sido efetivamente recolhida ou declarada em GFIP ou no recibo previsto no inciso V do art. 47.

§ 2º O segurado contribuinte individual que não comprovar a regularidade da dedução prevista no § 1º, na forma estabelecida no seu inciso III, sujeitar-se-á à glosa do valor indevidamente deduzido, devendo complementar as contribuições com os devidos acréscimos legais.

§ 3º A dedução de que trata o § 1º, que não tenha sido efetuada em época própria, poderá ser feita por ocasião do recolhimento em atraso, incidindo acréscimos legais sobre o saldo a recolher após a dedução.

(...)

§ 5º O condutor autônomo de veículo rodoviário (inclusive o taxista), o auxiliar de condutor autônomo e o cooperado filiado à cooperativa de transportadores autônomos estão sujeitos ao pagamento da contribuição para o Serviço Social do Transporte (Sest) e para o Serviço Nacional de Aprendizagem do Transporte (Senat), conforme disposto no art. 111-I. (Redação dada pela Instrução Normativa RFB n. 1.071, de 15.9.2010)

§ 6º O segurado contribuinte individual, ressalvado o disposto no § 11, que trabalhe por conta própria, sem relação de trabalho com empresa ou equiparado, a partir da competência em que fizer opção pela exclusão do direito ao benefício de aposentadoria por tempo de contribuição, contribuirá à alíquota de 11% (onze por cento) sobre o valor correspondente ao limite mínimo mensal do salário de contribuição a que se refere o inciso III do § 1º do art. 54. (Redação dada pela Instrução Normativa RFB n. 1.238, de 11.1.2012)

§ 7º O segurado que tenha contribuído na forma do § 6º e que pretenda contar o tempo correspondente para fins de obtenção da aposentadoria por tempo de contribuição ou da contagem recíproca do tempo de contribuição a que se refere o art. 94 da Lei n. 8.213, de 1991, deverá complementar a contribuição mensal mediante o recolhimento de mais 9% (nove por cento) incidentes sobre o limite mínimo mensal do salário de contribuição em vigor na competência a ser complementada, acrescido dos juros moratórios previstos na alínea "b" do inciso II e no inciso III do art. 402, observado o disposto no parágrafo único do mesmo artigo. (Redação dada pelo(a) Instrução Normativa RFB n. 1.238, de 11.1.2012)

§ 8º A contribuição complementar a que se refere o § 7º será exigida a qualquer tempo, sob pena de indeferimento do benefício.

§ 9º Considera-se formalizada a opção a que se refere o § 6º pela utilização, no ato do recolhimento, do código de pagamento específico para a "opção: aposentadoria apenas por idade".

§ 10. O recolhimento complementar a que se refere o § 7º deverá ser feito nos códigos de pagamento usuais do contribuinte individual.

§ 11. O MEI de que trata o inciso XXXV do art. 9º contribuirá à Previdência Social, na forma regulamentada pelo Comitê Gestor do Simples Nacional (CGSN), à alíquota de: (Redação dada pelo(a) Instrução Normativa RFB n. 1.238, de 11.1.2012)

I – 11% (onze por cento) até a competência abril de 2011; e

II – 5% (cinco por cento) a partir da competência maio de 2011.

§ 12. O MEI que tenha contribuído na forma do § 11 e pretenda contar o tempo de contribuição correspondente para fins de obtenção da aposentadoria por tempo de contribuição ou da contagem recíproca do tempo de contribuição a que se refere o art. 94 da Lei n. 8.213, de 1991, deverá complementar a contribuição mensal mediante recolhimento, sobre o valor correspondente ao limite mínimo mensal do salário de contribuição em vigor na competência a ser complementada, da diferença entre o percentual pago e o de 20% (vinte por cento), acrescido dos juros moratórios de que tratam a alínea "b" do inciso II e o inciso III do art. 402, observado o disposto no parágrafo único do mesmo artigo.

Art. 66. Quando o total da remuneração mensal recebida pelo contribuinte individual por serviços prestados a uma ou mais empresas for inferior ao limite mínimo do salário de contribuição, o segurado deverá recolher diretamente a complementação da contribuição incidente sobre a diferença entre o limite mínimo do salário de contribuição e a remuneração total por ele recebida ou a ele creditada, aplicando sobre a parcela complementar a alíquota de 20% (vinte por cento).

Subseção Única – Das Obrigações do Contribuinte Individual

Art. 67. O contribuinte individual que prestar serviços a mais de uma empresa ou, concomitantemente, exercer atividade como segurado empregado, empregado doméstico ou trabalhador avulso, quando o total das remunerações recebidas no mês for superior ao limite máximo do salário de contribuição deverá, para efeito de controle do limite, informar o fato à empresa em que isto ocorrer, mediante a apresentação:

I - do comprovante de pagamento ou declaração previstos no § 1º do art. 64, quando for o caso;

II - do comprovante de pagamento previsto no inciso V do art. 47, quando for o caso.

§ 1º O contribuinte individual que no mês teve contribuição descontada sobre o limite máximo do salário de contribuição, em uma ou mais empresas, deverá comprovar o fato às demais para as quais prestar serviços, mediante apresentação de um dos documentos previstos nos incisos I e II do *caput*.

§ 2º Quando a prestação de serviços ocorrer de forma regular a pelo menos uma empresa, da qual o segurado como contribuinte individual, empregado ou trabalhador avulso receba, mês a mês, remuneração igual ou superior ao limite máximo do salário de contribuição, a declaração prevista no inciso I do *caput*, poderá abranger um período dentro do exercício, desde que identificadas todas as competências a que se referir, e, quando for o caso, daquela ou daquelas empresas que efetuarão o desconto até o limite máximo do salário de contribuição, devendo a referida declaração ser renovada ao término do período nela indicado ou ao término do exercício em curso, o que ocorrer primeiro.

§ 3º O segurado contribuinte individual é responsável pela declaração prestada na forma do inciso I do *caput* e, na hipótese de, por qualquer razão, deixar de receber a remuneração declarada ou receber remuneração inferior à informada na declaração, deverá recolher a contribuição incidente sobre a soma das remunerações recebidas das outras empresas sobre as quais não houve o desconto em face da declaração por ele prestada, observados os limites mínimo e máximo do salário de contribuição e as alíquotas definidas no art. 65.

§ 4º A contribuição complementar prevista no § 3º, observadas as disposições do art. 65, será de:

I – 11% (onze por cento) sobre a diferença entre o salário de contribuição efetivamente declarado em GFIP, somadas todas as fontes pagadoras no mês, e o salário de contribuição sobre o qual o segurado sofreu desconto; ou

II – 20% (vinte por cento) quando a diferença de remuneração provém de serviços prestados a outras fontes pagadoras que não contribuem com a cota patronal, por dispensa legal ou por isenção.

§ 5º O contribuinte individual deverá manter sob sua guarda cópia das declarações que emitir na forma prevista neste artigo juntamente com os comprovantes de pagamento, para fins de apresentação ao INSS ou à RFB, quando solicitado.

§ 6º A empresa deverá manter arquivadas, à disposição da RFB, pelo prazo decadencial previsto na legislação tributária, cópias dos comprovantes de pagamento ou a declaração apresentada pelo contribuinte individual, para fins de apresentação ao INSS ou à RFB, quando solicitado.

Art. 68. O contribuinte individual que, no mesmo mês, prestar serviços a empresa ou a equiparado e, concomitantemente, exercer atividade por conta própria, deverá recolher a contribuição social previdenciária incidente sobre a remuneração auferida pelo exercício de atividade por conta própria, respeitando o limite máximo do salário de contribuição.

Art. 69. As disposições contidas nesta Seção são aplicáveis ao contribuinte individual que prestar serviços à empresa optante pelo SIMPLES ou pelo Simples Nacional.

Art. 70. As disposições contidas nesta Seção aplicam-se, no que couber, ao aposentado por qualquer regime previdenciário que retornar à atividade como segurado contribuinte individual, ao síndico de condomínio isento do pagamento da taxa condominial e ao ministro de confissão religiosa ou membro de instituto de vida consagrada, de congregação ou de ordem religiosa, desde que a remuneração paga ou creditada pela entidade religiosa ou pela instituição de ensino vocacional dependa da natureza e da quantidade do trabalho executado, observado o disposto no inciso III do art. 55.

Obras do Autor

O empresário e a previdência social. São Paulo: LTr, 1978.

Rubricas integrantes e não integrantes do salário de contribuição. São Paulo: LTr, 1978.

Benefícios previdenciários do trabalhador rural. São Paulo: LTr, 1984.

O contribuinte em dobro e a previdência social. São Paulo: LTr, 1984.

O trabalhador rural e a previdência social. 2. ed. São Paulo: LTr, 1985.

Legislação da previdência social rural. 2. ed. São Paulo: LTr, 1986.

O salário-base na previdência social. São Paulo: LTr, 1986.

Legislação da previdência social. 5. ed. São Paulo: LTr, 1988.

A seguridade social na Constituição Federal. 2. ed. São Paulo: LTr, 1992.

O salário de contribuição na Lei Básica da Previdência Social. São Paulo: LTr, 1993.

Legislação da seguridade social. 7. ed. São Paulo: LTr, 1996.

Obrigações previdenciárias na construção civil. São Paulo: LTr, 1996.

Primeiras lições de previdência complementar. São Paulo: LTr, 1996.

Propostas de mudanças na seguridade social. São Paulo: LTr, 1996.

Direito dos idosos. São Paulo: LTr, 1997.

Novas contribuições na seguridade social. São Paulo: LTr, 1997.

Curso de Direito Previdenciário. São Paulo: LTr, 1998. Tomo III.

O salário-base dos contribuintes individuais. São Paulo: LTr, 1999.

Reforma da previdência social. São Paulo: LTr, 1999.

Estatuto dos Servidores Públicos Civis da União. 2. ed. São Paulo: LTr, 2000.

Fator Previdenciário em 420 perguntas e respostas. 2. ed. São Paulo: LTr, 2001.

Pareceres selecionados de previdência complementar. São Paulo: LTr, 2001.

Curso de direito previdenciário. 2. ed. São Paulo: LTr, 2002. Tomo IV.

Prova de tempo de serviço. 3. ed. São Paulo: LTr, 2002.

Seguro-desemprego em 620 perguntas e respostas. 3. ed. São Paulo: LTr, 2002.

Comentários à Lei Básica da Previdência Complementar. São Paulo: LTr, 2003.

Curso de direito previdenciário. 2. ed. São Paulo: LTr, 2003. Tomo II.

Parecer jurídico: como solicitá-lo e elaborá-lo. São Paulo: LTr, 2003.

PPP na aposentadoria especial. 2. ed. São Paulo: LTr, 2003.

Retenção previdenciária do contribuinte individual. São Paulo: LTr, 2003.

Reforma da previdência dos servidores. São Paulo: LTr, 2004.

Curso de direito previdenciário. 3. ed. São Paulo: LTr, 2005. Tomo I.

Lei Básica da Previdência Social. 7. ed. São Paulo: LTr, 2005.

Portabilidade na previdência complementar. 2. ed. São Paulo: LTr, 2005.

Previdência social para principiantes — cartilha. São Paulo: LTr, 2005.

Auxílio-acidente. São Paulo: LTr, 2006.

Legislação previdenciária procedimental. São Paulo: LTr, 2006.

Manual prático do segurado facultativo. São Paulo: LTr, 2006.

Aposentadoria especial em 920 perguntas e respostas. 5. ed. São Paulo: LTr, 2007.

Curso de direito previdenciário. 2. ed. São Paulo: LTr, 2007. Tomo III.

Direito previdenciário procedimental. São Paulo: LTr, 2007.

Os crimes previdenciários no Código Penal. 2. ed. São Paulo: LTr, 2007.

Retirada de patrocinadora. São Paulo: LTr, 2007.

Prova e contraprova do nexo epidemiológico. São Paulo: LTr, 2008.

Subsídio para um modelo de previdência social para o Brasil. São Paulo: LTr, 2008.

A união homoafetiva no direito previdenciário. São Paulo: LTr, 2008.

Dano moral no direito previdenciário. 2. ed. São Paulo: LTr, 2009.

Comentários à Lei Básica da Previdência Social. 8. ed. São Paulo: LTr, 2009. Tomo II.

Comentários ao regulamento básico da OAB Prev. São Paulo: LTr, 2009.

Curso de direito previdenciário. 3. ed. São Paulo: LTr, 2009. Tomo IV.

Estágio profissional em 1420 perguntas e respostas. São Paulo: LTr, 2009.

Os deficientes no direito previdenciário. São Paulo: LTr, 2009.

Prova e contraprova do nexo epidemiológico. 2. ed. São Paulo: LTr, 2009.

Direito adquirido na previdência social. 3. ed. São Paulo: LTr, 2010.

Obrigações previdenciárias do contribuinte individual. 2. ed. São Paulo: LTr, 2010.

Curso de direito previdenciário. 3. ed. São Paulo: LTr, 2010.

Aposentadoria especial. 5. ed. São Paulo: LTr, 2010.

Direito elementar dos presos. São Paulo: LTr, 2010.

Obrigações previdenciárias do contribuinte individual. 2. ed São Paulo: LTr, 2010.

Comentários às Súmulas Previdenciárias. São Paulo: LTr, 2011.

Princípios de Direito Previdenciário. 5. ed. São Paulo: LTr, 2011.

Aposentadoria especial do servidor. São Paulo: LTr, 2011.

A arte de aposentar-se. São Paulo: LTr, 2011.

Comentários ao estatuto do idoso. 3. ed. São Paulo: LTr, 2012.

A prova no direito previdenciário. 3. ed. São Paulo: LTr, 2012.

Tratado prático da pensão por morte. São Paulo: LTr, 2012.

Comentários ao acordo de previdência social Brasil-Japão. São Paulo: LTr, 2012.
Previdência social para principiantes — Cartilha. 4. ed. São Paulo: LTr, 2013.
Dicionário Novaes de direito previdenciário. São Paulo: LTr, 2013.
Curso de direito previdenciário. 6. ed. São Paulo: LTr, 2014.
Aposentadoria especial. 6. ed. São Paulo: LTr, 2014.
Benefícios previdenciários das pessoas com deficiência. São Paulo: LTr, 2014.
Desaposentação. 6. ed. São Paulo: LTr, 2014.
Aposentadoria especial do servidor público. 3. ed. São Paulo: LTr, 2014.
Previdência social ao alcance de todos. São Paulo: LTr, 2014.
Previdência complementar associativa. São Paulo: LTr, 2014.
Princípios de direito previdenciário. 6. ed. São Paulo: LTr, 2015.
Transposição do regime celetista para o estatutário. São Paulo: LTr, 2017.

Em coautoria:

Contribuições sociais — Questões polêmicas. Dialética, 1995.
Noções atuais de direito do trabalho. São Paulo: LTr, 1995.
Contribuições sociais — Questões atuais. São Paulo: Dialética, 1996.
Manual dos direitos do trabalhador. 3. ed. São Paulo: Editora do Autor, 1996.
Legislação da previdência social. São Paulo: Rede Brasil, 1997.
Processo Administrativo Fiscal. São Paulo: Dialética, 1997. 2. v.
Dez anos de contribuição. São Paulo: Celso Bastos, 1998.
Estudos ao direito. Homenagem a Washington Luiz da Trindade. São Paulo: LTr, 1998.
Introdução ao direito previdenciário. São Paulo: LTr-ANPREV, 1998.
Perspectivas atuais do direito. Cidade: Editora, 1998.
Processo administrativo fiscal. Cidade: Editora, 1998. 3. v.
Temas administrativo social. Cidade: Editora, 1988.
Temas atuais de previdência social — Homenagem a Celso Barroso Leite. São Paulo: LTr, 1998.
Contribuição previdenciária. São Paulo: Dialética, 1999.
A previdência social hoje. São Paulo: LTr, 2005.
Temas atuais de direito do trabalho e direito previdenciário rural — Homenagem a Antenor Pelegrino. São Paulo: LTr, 2006.
Curso de Direito Complementar. São Paulo: LTr, 2017.

Não jurídicos:

O tesouro da Ilha Jacaré. São Paulo: CEJA, 2001.
Manual do Pseudo-intelectual. São Paulo: Apanova, 2002.
Contando com o vento. São Paulo: Apanova, 2003.
Estórias do Zé Novaes. São Paulo: Edição do autor, 2008.

O milagre de Anna Roza. Vinhedo: Edição do autor, 2011.
Perambulanças de Juca Raposa. Vinhedo: Edição do autor, 2013.
Mulheres sensíveis amam homens inteligentes. Vinhedo: Edição do autor, 2013.
Navegando a barlavento. Vinhedo: Edição do autor, 2013.
O Reino das Hortaliças. Vinhedo: Edição do autor, 2013.
Homem do Poço. Vinhedo: Edição do autor, 2015.
Navegando a Sotavento. Vinhedo: Edição do autor, 2016.
Estado Covarde. São Paulo: LTr, 2017.